A língua portuguesa em contexto internacional:
um guia para professores

Eugênia Fernandes

Copyright © 2020 Boavista Press

All rights reserved.

ISBN-10 : 1944676074
ISBN-13 : 978-1944676070
Roosevelt, NJ, USA

À Professora Maria Eugênia da Silva Fernandes, minha mãe, que me ensinou o poder revolucionário da educação.

ÍNDICE

7 **Prefácio**

9 **Apresentação**

13 **Os caminhos da lusofonia: uma viagem da Península Ibérica ao pluricentrismo da atualidade**
14   1.1 Afinal, quando se começou a discutir sobre a lusofonia?
16   1.2 O português para além do eixo cindido Brasil-Portugal
18   1.3 A comunidade dos Países de Língua Portuguesa (CPLP)
20   1.4 Os primeiros passos no ensino de português como língua global no século XX

26 **A lusofonia em diferentes contextos globais**
27   2.1 O mercado linguístico no cerne da globalização
28   2.2 Estratégias para a promoção efetiva: o português como língua pluricêntrica
31   2.3 O ensino de português na América Latina da contemporaneidade
35   2.4 O ensino de português em contextos linguísticos minoritários no Brasil
36   2.5 Iniciativas dos governos português e brasileiro para a internacionalização do português
37   2.6 As diásporas lusófonas e o ensino de português em outras esferas do globo
41   2.7 O processo de ressignificação da lusofonia

46 **Abordagens e métodos no ensino de línguas: panorama e retrato da produção contemporânea**
47   3.1 Uma linha do tempo para o ensino de línguas
54   3.2 A Abordagem Estruturalista
56   3.3 A Abordagem Comunicativa
59   3.4 A Abordagem Sociointeracionista
61   3.5 A Abordagem Complexa
62   3.6 Que abordagem escolher?

67 **A seleção e a elaboração de materiais didáticos**
67   4.1 O papel do livro didático na aula de PLA e PLH
70   4.2 O protagonismo do professor de PLA e PLH na elaboração de materiais didáticos

74	4.3 O lugar da variação linguística nos livros didáticos de PLA e PLH
77	4.4 O debate sobre a autonomia do português do Brasil
80	Breve análise de livros didáticos de PLA e PLH desde a década de 1990
94	**Planejamento, reflexão e diversidade: a sala de aula de português em contexto internacional**
95	5.1 Novas metodologias para o desenvolvimento linguístico adicional e a funcionalidade da avaliação diagnóstica
100	5.2 Currículo, syllabus e plano de aula
105	5.3 O papel do ensino de línguas mediado por computador
107	5.4 O ensino de Português para Falantes de Espanhol (PFE)
111	5.5 O ensino de Português como Língua de Herança (PLH)
116	5.6 A cultura nas salas de aula de PLA e PLH
126	Amostra de páginas e recursos on-line para PLA e PLH
129	**Avaliações de proficiência em português**
129	6.1 A trajetória das avaliações de proficiência e seus desdobramentos na sociedade contemporânea
133	6.2 Certificado em Língua Portuguesa para Estrangeiros (CELPE-BRAS)
135	6.3 Os exames do Centro de Avaliação e Certificação de Português Língua Estrangeira (CAPLE)
137	6.4 Certificado Internacional da Língua Portuguesa (CILP)
138	6.5 Exames do Conselho Americano de Ensino de Línguas Estrangeiras: OPI, OPIC, LTP, WTP, RTP E AAPPL
139	6.6 National Portuguese Examination (NPE)
140	6.7 National Examinations in World Languages (NEWL)
141	6.8 Outras avaliações
145	**Últimas palavras**
151	**Sobre a autora**

PREFÁCIO

Embora muitos brasileiros tenham o sonho de morar fora do Brasil, a realidade é que a vida de expatriado é cheia de desafios. Muitas vezes, a primeira e maior dificuldade se encontra na barreira linguística que existe quando se chega a um país sem dominar o idioma ali falado. Nesse processo de aprender uma nova língua, pode ocorrer uma desvalorização da língua materna e um negligenciamento da aquisição do português pelas gerações futuras. A manutenção da língua materna em casa é importante porque preserva a cultura dos ancestrais de cada indivíduo e conserva marcas identitárias de um povo.

Com frequência, grupos que se dão conta da relevância do contato de gerações mais novas com sua língua materna se organizam para oferecer aulas de Português como Língua de Herança (PLH) nas comunidades onde se encontram. Como em grande parte das vezes os envolvidos não têm formação na área de Letras, mas seguem sendo peças fundamentais na perpetuação da língua em contexto internacional, A língua portuguesa em contexto internacional: um guia para professores se propõe a auxiliar as pessoas que se veem trabalhando na área, mesmo que não sejam formados professores de língua. Essa postura salienta a importância que a autora dá à divulgação da língua portuguesa uma vez que ela entende que demandar que o ensino de português seja feito apenas por especialistas significa talvez interromper a difusão do idioma por conta de alguma lacuna na oferta desse serviço.

Enquanto língua global, é comum que haja uma demanda pelo ensino de Português como Língua Adicional em diversos países. Este livro permite que o leitor tenha uma visão ampla das possibilidades de atuação dele, trabalhando dentro de seu país, mas também fora dele. Entendendo esses contextos internacionais, é mais fácil se unir a famílias e comunidades no exercício do papel de difusores da língua e saber onde aplicar sua capacitação, caso seja um estudante de graduação ou de pós-graduação da área.

De forma inteligível para especialistas e não especialistas, Eugênia Fernandes traz uma linha do tempo na qual explica como se deram os caminhos da Lusofonia desde a Península Ibérica até o pluricentrismo da atualidade, para além do eixo Brasil-Portugal, falando da Comunidade de

Países de Língua Portuguesa e do português como língua global.

Explicações sobre abordagens e métodos do ensino de línguas são apresentadas a fim de oportunizar a compreensão pelos professores das diversas teorias que embasam a atuação de profissionais da área em sua prática, dando atenção especial à Abordagem Complexa, resultante no Método Eclético, aquele que a autora julga como o mais abrangente e efetivo para utilização em sala de aula.

Ainda considerando a lacuna significativa existente no mercado editorial de livros didáticos para o ensino de português, um dos capítulos do livro traz aspectos a se considerar na seleção de um livro didático para as aulas de PLH e PLA (Português como Língua Adicional) bem como a importância de o professor ser um agente de elaboração desses materiais didáticos, auxiliando-o em como pensar essa elaboração.

Do ponto de vista mais prático, há uma orientação quanto ao planejamento, reflexão e diversidade, sempre partindo do pressuposto de que conhecer seus alunos e mapeá-los etnolinguisticamente é fundamental. É apenas a partir da coleta e da análise de dados que faz sentido tomar decisões.

A autora apresenta ainda amostra de páginas e recursos online para aulas de Português como Língua de Herança e de Português como Língua Adicional e as diversas opções para os alunos comprovarem de maneira oficial sua proficiência em português.

Ao final, são apresentadas ainda opções de formação na área bem como oportunidades no mercado de trabalho, permitindo que pessoas que procuram uma inserção no mercado de trabalho dentro da área de PLH ou PLA tenham um norte para alcançá-la.

Assim, conhecendo o contexto histórico e contemporâneo da língua, métodos e abordagens do ensino de línguas, desenvolvendo a criticidade para escolha e elaboração de materiais didáticos, fazendo planejamento e refletindo sobre sua prática e se familiarizando com formas de os estudantes comprovarem sua proficiência, os profissionais que atuam ou atuarão na área estarão mais informados e capacitados para exercer o ofício de professor.

Camila Cynara Lima de Almeida
Instituto Cultural de Ensino de Português para Estrangeiros
Secretaria de Estado de Educação do Distrito Federal
Università di Bologna

APRESENTAÇÃO

Em 2005, ingressei no curso de Licenciatura em Letras – Português do Brasil como Segunda Língua na Universidade de Brasília (UnB), onde também cursei mestrado e doutorado em Linguística. Nos meus dez anos de UnB, fui de professora em formação para formadora em ação. Colaborei por anos com o programa de extensão, pesquisa e ensino de português para falantes de outras línguas da universidade, onde tive minha primeira experiência com o Português como Língua Adicional (PLA). Trabalhei para embaixadas e organismos internacionais e, diante da demanda, fundei, em parceria com Camila Almeida e Renata Oliveira, o Instituto Cultural de Ensino de Português para Estrangeiros (ICEPE) em Brasília.

Na minha primeira experiência, como estagiária, na sala de aula de português para falantes de outras línguas, em 2008, senti uma falta de conexão entre o conhecimento acadêmico e a prática de ensino. Apesar de ter sido egressa de um curso que formava professores de português, estar em sala de aula me parecia uma experiência distinta daquela idealizada nas aulas da licenciatura. Essa sensação era mais evidente quando eu manuseava materiais didáticos de português para falantes de outras línguas.

Em 2014, fui selecionada pelo Programa Leitorado, do Ministério das Relações Exteriores do Brasil, para ensinar português na Universidade da Califórnia, em Davis. A experiência como leitora foi um divisor de águas na minha carreira. Em contexto internacional, vivenciei o desafio de ensinar português fora de imersão para turmas mistas, compostas por estudantes de intenções diferentes de desenvolvimento linguístico. Nessas turmas, deparei-me com aprendizes de Português como Língua de Herança (PLH), cujas famílias apresentavam históricos etnolinguísticos brasileiros e portugueses, especialmente açorianos. Ainda que meu conhecimento sobre o português europeu fosse limitado, tive de encontrar uma maneira inclusiva de abordar as duas variedades de português na aula, contemplando as demandas de todos os grupos ali presentes.

Meus anos na Califórnia me ensinaram sobre o impacto da diáspora lusófona na atualidade e trouxeram às minhas pesquisas o debate sobre o português ser uma língua internacional e, ao mesmo tempo, minoritária. Nessa experiência, estive de frente com a necessidade da adoção de um material didático que abraçasse a diversidade das minhas turmas. Passei a explorar as possibilidades infindáveis da Comunicação Mediada por Computadores (CMC), diante da aparente impossibilidade de prover contatos linguísticos autênticos para meus alunos e das consequências do ainda tímido lugar que o português ocupa nas academias internacionais.

Com o fim do leitorado brasileiro, fui mantida pela universidade a fim de contribuir para o desenvolvimento de seu programa de Estudos Luso-Brasileiros. Integrei, em parceria com a comunidades brasileiras e portuguesas, uma rede de apoio para a promoção da língua portuguesa no norte da Califórnia, mantendo um diálogo constante com consulados gerais, conselhos de cidadãos, iniciativas comunitárias e redes formais e informais de professores. Essa parceria acadêmico-comunitária me trouxe a oportunidade de entender as demandas das comunidades lusófonas da diáspora e a importância das políticas linguísticas para autoafirmação cultural na formação identitárias dos pequenos falantes de português.

O trabalho de promoção da língua, dos quais participava como formadora nessa época, era feito por meio de cursos de formação e aperfeiçoamento de professores nas premissas consulares ou de universidades parceiras. Nessas ocasiões, o público geralmente não era especializado na área, sendo majoritariamente composto por famílias que tentavam encontrar saídas para manter o português nos contextos comunitários. Com essas experiências, percebi imediatamente a necessidade de escrever este livro. Partindo do princípio de que o que falo precisa ser inteligível para qualquer pessoa, desconstruí dois princípios que guiavam a minha prática: (1) para ensinar português é preciso ser especialista na área; e (2) é preciso consolidar a autonomia linguística dos Estados-membros da CPLP (Comunidade dos Países de Língua Portuguesa), mas considerando o português falado nesses países mais que apenas variedades linguísticas.

Explico de antemão a motivação para adotar uma postura que difere da perspectiva que observa a expertise como obrigatória no ensino da língua portuguesa. No contexto internacional, é mais importante para as comunidades haver uma difusão da língua feita for um não especialista do que não haver. No mundo ideal, seria excelente que todos os professores de língua portuguesa tivessem, independentemente do seu contexto de atuação, uma base linguístico-pedagógica consolidada. Entretanto, no mundo real, em especial nas diásporas da contemporaneidade, são as famílias e as comunidades que exercem os papéis de professores e difusores da língua portuguesa. As ações de promoção do português na esfera comunitária são feitas majoritariamente pelas lideranças diaspóricas que, muitas vezes, não têm formação acadêmico-linguística. Há, inclusive, escolas comunitárias sem fins lucrativos, que procuram reunir os falantes de herança com certa periodicidade a fim de que não se perca o português diante de uma língua dominante, como o inglês. Diante dos enfrentamentos cotidianos desses cidadãos e das barreiras da baixa autoestima linguística causada pelo processo migratório, como a aquisição de outra língua na idade adulta, é incabível, no meu papel social de linguista, não atuar como agente no empoderamento linguístico desses grupos.

Sobre a redação do texto, afirmo que a escolha dos termos reflete a abordagem de ensino na qual mais me embaso, a complexa. No decorrer dos capítulos, termos como desenvolvimento linguístico são mais frequentes que aquisição e aprendizagem, por exemplo. O texto é escrito em terceira pessoa do singular, majoritariamente, por se tratar de uma revisão teórica do campo. As traduções são inteiramente de minha responsabilidade. No corpo do texto, uso frequentemente o gênero gramatical masculino, por este ser o gênero neutro em português sob a ótica dos estudos de Mattoso Câmara Jr. (1969). Não desconsidero, entretanto, as discussões contemporâneas e sua validade sobre marcação de gênero e identidade.

Assim sendo, após apresentar a importância da autonomia linguístico-comunitária, destino este livro a famílias das diásporas lusófonas que desejem conhecer mais sobre os benefícios de afirmar seus pertencimentos etnolinguísticos, graduandos recém-ingressos nas licenciaturas de língua portuguesa e até egressos sem familiarização com o PLA e o PLH. Esses futuros professores encontrarão aqui uma apresentação das áreas, para que saibam como desbravar seu campo profissional, conhecendo a relevância da língua na atualidade e seus impactos nas comunidades internacionais.

Eugênia Fernandes
Davis, Califórnia
12 de julho de 2020

Referência
Mattoso Camara Jr, Joaquim. Estrutura da Língua Portuguesa. Petrópolis: Vozes, 1969.

CAPÍTULO 1
OS CAMINHOS DA LUSOFONIA: UMA VIAGEM DA PENÍNSULA IBÉRICA AO PLURICENTRISMO DA ATUALIDADE

As línguas românicas surgiram das transformações do latim vulgar no contexto da Península Ibérica. Como relata Teyssier (1982), o latim, originado das línguas faladas na região do Lácio, na Itália, chegou à Península Ibérica na Segunda Guerra Púnica, no ano 218 a.C. Em 209 a.c., os romanos se apossaram o território, livrando-se dos cartagineses. O latim foi assimilado por quase todos os povos do território, assim como, posteriormente, o cristianismo. Com o crescimento da Romênia, o conjunto dos territórios ocupados pelos romanos, criaram-se províncias como a Hispânia, a Gália, a Itália e a Dálcia. Gradualmente, as línguas faladas pelos povos pré-românicos desapareceram com a difusão do latim vulgar.

No século I a.C., a Hispânia era composta pelas regiões Citerior e Ulterior. Esta incluía a Lusitânia, território no qual estava a Galícia. Com a queda do império romano no século IV d.C., a Península Ibérica já estava latinizada. No século V, os bárbaros germânicos invadiram o território. Um dos povos bárbaros, os suevos, criaram um reino em 570 d.C., que se reduziu posteriormente à Gallaecia, a Viseu e Conimbriga. Entre 585 e 711, os visigodos, outro povo bárbaro sob a ótica dos romanos, tomaram posse do território, diminuindo as influências do latim e da cultura romana. Com a invasão árabe na Europa, no século VIII d.C., o árabe foi adotado como oficial nas regiões conquistadas, entretanto, não houve, como com o latim, uma imposição consistente a ponto de haver uma absorção extensiva da língua. O Reino de Portugal se forma apenas em 718, após a Reconquista.

As mudanças linguísticas acompanharam os conflitos e as divisões territoriais, como houve com a independência da Galiza. Os limites atuais de Portugal foram delimitados em 1249, com a conquista do Algarve. É nesse movimento expansionista que se propaga o galego-português. Em 1385, com a derrota dos castelhanos que tentavam ganhar território no país, o português se torna língua nacional e o galego é difundido nos limites das conquistas castelhanas. Pouco mais de um século depois, com as grandes navegações, a língua portuguesa é levada à costa africana, aos portos da Índia, ao sudeste da Ásia e ao território recém-invadido, o Brasil. No século XIX, com a independência do Brasil e sua dependência econômica da Inglaterra, observa-se uma redução do poderio português. O Brasil logo mostra indícios de uma relação direta com outras colônias portuguesas, dispensando Portugal como mediadora.

No Terceiro Império, ainda no século XIX, Portugal tenta ressurgir diante da independência do Brasil, procurando se evidenciar como nação consolidada com um discurso mais sensível à diversidade étnica. Em 1926, Portugal vive um Golpe Militar e, em seguida, a implantação de uma ditadura. António de Oliveira Salazar manteve um regime totalitário de 1933 a 1974. Em seu discurso, havia uma tentativa de estímulo de ocupação das ainda colônias em forma de imigração. Indo de encontro com as práticas humanitárias da época, o ditador ainda propagava a prática do trabalho forçado. Esse perfil exploratório refletia os traços do ainda presente imperialismo colonial por parte do governo português.

Nas décadas de 1960 e 1970, as nações africanas iniciam suas batalhas pela independência através de movimentos revolucionários como a FRELIMO (Frente de Libertação de Moçambique). Essas lutas pela independência ocorreram em consonância com o que eclodiria na Revolução dos Cravos, em 25 de abril de 1974, e na queda da ditadura Salazar. Na década de 1980, as discussões sobre a lusofonia surgem para integrar os países de língua portuguesa.

1.1 Afinal, quando se começou a discutir sobre a lusofonia?

Apesar de Portugal ter tido o interesse de se reintegrar, na década de 1980, aos territórios explorados, a discussão sobre a ideia de criar uma comunidade que tivesse a lusofonia como cerne comum não é desse período. Para Freixo (2009), esse debate surge com duas frentes, a primeira com Gilberto Freyre e a segunda, com Agostinho da Silva.

Na década de 1950, Freyre militava na criação de uma comunidade lusófona que trouxesse a língua como um elemento de identidade fundamental, ainda que houvesse movimentos de luta e libertação. Com o luso-tropicalismo, Freyre tentou vender a ideia de que a riqueza cultural do brasileiro fosse produto da colonização "bem-sucedida" portuguesa (Freixo, 2009). A luso-tropicologia chegou a ser considerada uma ciência, aparentemente, valorizando outros povos que constituíam o Brasil. Curiosamente, as ideias de Freyre estavam em consonância com o discurso ditatorial de Salazar de exaltação da cultura portuguesa, o que já não era surpresa diante da sua relação amistosa com o ditador. No discurso de Freyre, na criação da Comunidade dos Países de Língua Portuguesa (CPLP), em 1996, houve um tom anacrônico na referenciação de sua produção literária anterior e, de certa forma, louvadora do salazarismo, tornando-o uma referência à não tão nova noção de lusofonia.

Na outra frente apontada por Freixo (2009), Agostinho da Silva também tem protagonismo como um dos criadores do movimento. Opositor ao salazarismo, Silva tinha certa consonância com as ideias de Freyre, ao observar, por exemplo, as ações de Portugal como providenciais. Ambos receberam críticas por essas visões saudosistas do país.

Na década de 1960, Darcy Ribeiro, Agostinho da Silva e José Aparecido intensificaram os debates acerca da lusofonia na então recém-criada Universidade de Brasília (UnB). Agostinho da Silva, nesse movimento, fundou o extinto Centro Brasileiro de Estudos Portugueses (CBEP) na universidade (Miglievich-Ribeiro, 2017), unidade que logo em seguida ficaria sob a responsabilidade de José Luís Poças Leitão e Silva, convidado pelo próprio Agostinho da Silva para dirigir o Centro, também como auxílio para que Leitão e Silva se libertasse do regime autoritário de Salazar em Portugal. Ainda que o CBEP tenha sido extinto, sua criação foi de suma importância para o fortalecimento do Instituto de Letras da UnB. Interessantemente, anos depois do debate inicial da lusofonia nessa universidade, criar-se-ia no segundo semestre de 1997, a primeira licenciatura do país com vistas a preparar professores de português também para o contexto internacional, o curso de Letras – Português do Brasil como Segunda Língua (PBSL).

A lusofonia surge com um engajamento das elites brasileiras e portuguesas, em especial intelectuais e membros do governo, em um momento em que Portugal busca seu espaço no contexto pós-Guerra Fria (Freixo, 2009). Freixo também aponta um interesse de Portugal em recriar conexões com os países africanos com histórico marcado pelas invasões portuguesas.

Pinto (2011) afirma que a palavra lusofonia só foi dicionarizada um ano antes da criação da CPLP, em 1995, no Dicionário Universal da Língua Portuguesa, publicado pela Editora Texto, em Portugal. Apesar de as novas vozes darem ao termo o sentido de "um património de ideias, sentimentos, monumentos e documentação comum aos povos por onde passara a expansão e a evangelização portuguesa" (Pinto, 2011, p.1), a lusofonia não se separa ainda de uma carga messiânica, que pode parecer uma forma disfarçada de neocolonialismo (Margarido, 2000).

Sob a ótica pluricêntrica, mais discutida no Capítulo 2, propõe-se uma abordagem de maior relacionamento entre os povos de língua portuguesa para explorar afinidades entre os membros da CPLP (Santos Neves, 1999) resultando, por meio das múltiplas faces da língua, em uma reconfiguração que enfatize os benefícios de cunho social, intelectual, cultural e econômico às suas comunidades.

1.2 O português para além do eixo cindido Brasil-Portugal

Apesar da centralização dual entre Brasil e Portugal, para reconhecer os espaços do português em contexto mundial, é preciso entender seu lugar nos territórios invadidos por Portugal durante as Grandes Navegações. O português chegou nos PALOP (Países Africanos de Língua Oficial Portuguesa) pela colonização e entrou em contato com línguas da grande família linguística Níger-Congo. Okoudowa (2015) pontua que os crioulos hoje falados em Guiné-Bissau, Cabo Verde e São Tomé e Príncipe são resultado desse contato. Para Gonçalves (2004), o início do processo de implementação do português na África não apresenta um continuum homogêneo: as independências nacionais apresentam uma ruptura da dinâmica que esta língua tinha nos países africanos do período colonial.

A independência das colônias africanas de Portugal teve início com a declaração unilateral da República da Guiné-Bissau, reconhecida pela comunidade internacional, mas, à época, não por Portugal. As demais colônias africanas alcançaram a independência em 1975, depois da Revolução dos Cravos, em 25 de abril de 1974. São elas: Angola, Cabo Verde, Guiné-Bissau, Moçambique e São Tomé e Príncipe. Apesar de ter sido um dos instrumentos de dominação da colonização, o português foi oficializado nesses países em detrimento a suas línguas autóctones. Fatores políticos, ideológicos, culturais e administrativos estão na base dessas decisões linguísticas (Ferreira, 1997).

Colaborando com o processo de unidade nacional e sobrepondo-se à consciência étnica, a língua portuguesa foi, ironicamente, um dos instrumentos mais valiosos ao serviço da ideologia revolucionária dos movimentos de libertação. Afastar o português era conspirar contra a segurança do Estado (Rosário, 1993).

A partir de 1970, há marcadamente duas variantes reconhecidas para a língua portuguesa: a brasileira e a europeia, apagando de alguma forma a língua portuguesa falada nos PALOP e no Timor-Leste. Até mesmo na atualidade, boa parte dos programas de língua portuguesa se intitulam "luso-brasileiros", não cedendo protagonismo aos demais Estados-membros da CPLP. A seguir, confira um mapeamento dos dados demográficos, históricos e educacionais de todos os países de língua oficial portuguesa.

Os dados do Quadro 1 indicam os índices alarmantes de analfabetismo nas nações fora do eixo Brasil-Portugal, o que não deslegitima o número de pessoas analfabetas também nesses países. O baixo índice de falantes de português nos PALOP pode ainda estar relacionado à resistência ao português, por aparentar ser símbolo de um neocolonialismo, e ao seu ensino monolíngue, desconsiderando o multilinguismo dos PALOP. Okoudowa (2015) sugere que o português seja integrado ao ensino de línguas nativas africanas nos PALOP. A evidência é que as crianças alfabetizadas nas línguas africanas têm mais sucesso que aquelas alfabetizadas diretamente em português. É necessário ter em mente também que após as guerras coloniais, nos PALOP, houve guerras civis, especialmente em Moçambique e Angola, causando um deslocamento de populações. O português tomou, nessas situações, o estatuto de língua veicular. Leiria (2007) afirma que a situação do português em Moçambique e Angola é semelhante àquela do crioulo em Cabo Verde, onde se fala cada vez menos português. Angola e Moçambique vivem em busca de uma conformidade linguística com a norma do português europeu, que também lhes serve de referência para o ensino e para outros fins sociolinguísticos. Lembra-se que a escolarização da língua portuguesa, como oficial, partiu majoritariamente das elites.

	Ano da invasão portuguesa	População	Ano da independência	Línguas oficiais	Falantes de português	Índice de analfabetismo (a partir de 15 anos)	Expectativa de vida escolar
Angola	1482	30.355.880	1975	português	71,5%	28,9%	10 anos
Brasil	1500	208.846.892	1822	português e libras	99%	8%	15 anos
Cabo Verde	1460~1462	568.373	1975	português	*	13,4%	12 anos
Guiné-Bissau	1446	1.833.247	1974	português	15%	40,1%	9 anos
Guiné-Equatorial	1472[4]	797.457	1968 (Espanha)	espanhol, francês e português	**	4,7%	9 anos
Moçambique	1498	27.233.789	1975	português	10,7%	44%	10 anos
Portugal	-	10.355.493	-	português e mirandês	100%	4,3%	16 anos
São Tomé e Príncipe	1470	204.454	1975	português	98,4	25,1%	12 anos
Timor-Leste	1512	1.167.242	1975 (Portugal) 1999 (Indonésia)	tétum e português	25%	35,9	13 anos

Quadro 1: Dados históricos, demográficos e educacionais dos Estados-membros da CPLP. Fontes: *The World Fact Book*, CIA (com adaptações), Unesco e Instituto Camões.

A situação do Timor-Leste tem uma configuração diferente. Após sua declaração de independência, em 1975, o país foi invadido e ocupado pela Indonésia, tendo sido anexado como a 27.a província do país. Em 1999, o governo indonésio deixou o Timor-Leste por determinação das Nações Unidas. Em setembro de 1999, depois do fim da invasão da Indonésia, houve uma cisão linguística no país. Nos anos 2000, o português foi restaurado pela votação do Conselho Nacional de Resistência Timorense, que também declarou o tétum como língua nacional. Entre 1975 e 1999, os indonésios

---

[1] Em 1777 e em 1778, os Tratados de São Ildefonso e do Pardo, respectivamente, removeram o poderio português sobre a Guiné-Equatorial, cedendo-a à Espanha.

proibiram o português de ser falado no Timor-Leste, tornando o malaio indonésio obrigatório. Essa imposição criou duas comunidades: uma de falantes de português e outra de jovens falantes de bahasa. Para Soares (2010), o português foi adotado como um símbolo nacional, sendo preferido como língua oficial, trazendo um peso simbólico, identitário, afetivo e geoestratégico ao país. A opção foi feita para que o Timor-Leste usufruísse das vantagens da CPLP, do Mercosul, da União Africana, da União Europeia e de outros organismos internacionais. Na prática, o português deve estar a par com o tétum, a língua nacional. Ambas as línguas em 2002 foram decretadas oficiais pela constituição nacional, enquanto o inglês e o bahasa foram reconhecidos como línguas de trabalho. No país, o ensino de português é iniciado após os três primeiros anos de escolaridade.

Em contraste com os demais PALOP, cabe mencionar o recente ingresso da Guiné-Equatorial na CPLP. A oficialização do português, do francês e do espanhol no país busca aproximar os países falantes dessas línguas à Guiné-Equatorial. Freixo (2009) aponta que tomadas de decisão como essa são indícios de motivações político-econômicas nas ações entre língua e política. No continente africano, o português é ensinado também como língua adicional em outros países africanos como o Senegal, a Namíbia, a Suazilândia, a Costa do Marfim, o Congo e a África do Sul.

Partilhando da proposta de Oliveira (2013), é preciso haver um bilinguismo aditivo nesses países, para que o português não indique um abandono das demais línguas. A porcentagem de falantes de português nos países-membros da CPLP indica que ainda há muito o que desconstruir quanto ao mito do monolinguismo. Até mesmo no Brasil, onde os falantes de português beiram os 99%, há comunidades indígenas, fronteiriças e diaspóricas com línguas diferentes do português. Essas comunidades necessitam perder a invisibilidade trazida pelo mito do monolinguismo, tendo seus direitos linguísticos respeitados. Mais discussões acerca das línguas minoritárias no Brasil podem ser encontradas no Capítulo 2.

1.3 A comunidade dos Países de Língua Portuguesa (CPLP)

Na atualidade, a CPLP desempenha um papel de cooperação mútua entre seus Estados-membros, buscando estreitar seus laços com ações que vão além da língua portuguesa. Freixo (2009) elenca três marcos para a constituição da CPLP: a) na década de 1950, intelectuais brasileiros e portugueses de várias ideologias – como Gilberto Freyre, Joaquim Barradas de Carvalho, Adriano Moreira, Agostinho da Silva e Darcy Ribeiro – tematizam em suas obras a ideia de uma comunidade lusófona ou lusíada; b) na década de 1980, Portugal procura promover uma volta ao Atlântico e c) em 1989, cria-se no Maranhão o IILP (Instituto Internacional da Língua Portuguesa), marcando a inserção ativa do Brasil na defesa da proposta e necessidade, por parte de Portugal, de um regresso à África.

A criação efetiva da CPLP só se deu em 1996. Enquanto isso, seus países-membros já compunham relações com outros organismos como o Mercosul (Mercado Comum do Sul) e a Commonwealth. Em 1989, em São Luís do Maranhão, com a criação do IILP, Sarney, em 1988, reafirmou a ideia de Adriano Moreira sobre a criação da comunidade. Pinto (2011) aponta que a CPLP tem um caráter indefinido desde a sua origem, quando, apesar de se ter pensado em uma comunidade, o primeiro estatuto defendia um laço fundamentado na amizade mútua da concertação político-diplomática e da cooperação entre os seus membros. A noção da CPLP, então, tinha caráter de foro, não de comunidade. A maior alteração no estatuto foi em 2002, quando o Timor-Leste foi admitido como membro. Outra modificação significativa aconteceu em 2005, quando o IILP foi adicionado como órgão adicional da CPLP. Hoje, a CPLP tem estatuto de foro multilateral e busca promover uma cooperação amistosa e contínua entre os Estados-membros. A comunidade estabelece que os assuntos referentes à educação, ciência, tecnologia e promoção da língua devem acontecer por meio do IILP, como determina seu 4.º estatuto. Para atender aos objetivos da Comunidade, baseados na cooperação multilateral, a promoção da língua deve se basear em (CPLP, 2020):

1. Promover e difundir a língua;
2. Implementar uma cooperação comunitária estratégica;
3. Adotar metodologias e procedimentos eficientes para a coordenação e a harmonização das ações entre os países membros;
4. Harmonizar, alinhar e apropriar e afinar as áreas de intervenção;
5. Considerar a evolução da Comunidade, identificando e implementando projetos de cooperação multilateral, buscando uma estratégia que se baseie em resultados;
6. Alinhar projetos setoriais, que incluem a coordenação, a concertação e a monitorização, por parte dos Estados-membros, impulsionando sua apropriação, sustentabilidade e impacto junto aos seus cidadãos.

O fato de a CPLP ser uma comunidade de países impede que territórios sob prévia ocupação portuguesa como Macau, Malaca, Damão e Diu, Goa e Casamansa façam parte das relações de cooperação (Pinto, 2011). Ainda que haja a categoria de Observador Associado para reconhecimento de comunidades e povos filiados, essa não é uma prática comum, já que esses observadores hoje são Estados e organizações apenas. Na atualidade, são Observadores Associados da CPLP: a Geórgia, a Hungria, o Japão, a Eslováquia, a República Tcheca, a República da Maurícia, a Namíbia, o Senegal, a Turquia, o Uruguai e a França.

Nos anos 1990, outros marcos estiveram na fundação da CPLP: a) em 1993, houve impulso e empenho de José Aparecido de Oliveira; b) em 1994, aconteceram a segunda reunião dos governos e a realização de uma cúpula para constituir um grupo de concertação permanente; e c) em 1996, criou-se a CPLP com a realização da primeira cúpula e a intervenção de Aparecido de Oliveira junto à determinação política dos presidentes Mário Soares e Itamar Franco, assinando, em 17 de julho, a Declaração Constitutiva e os Estatutos da CPLP (Pinto, 2011). O objetivo da declaração, segundo o chanceler Celso Amorim, era dar forma institucional a uma realidade já existente.

Apesar de ser uma comunidade que tem a língua como fator comum, a CPLP tende a atuar como mediadora entre seus Estados-membros, promovendo projetos que os beneficiem em áreas como a saúde, a agricultura e a educação, contribuindo, especialmente, com aqueles menos desenvolvidos. No quesito linguístico, ainda há muito a se fazer. Uma das tentativas mais recentes e eficazes foi o Novo Acordo Ortográfico da Língua Portuguesa, um instrumento de harmonização escrita. O Novo Acordo seria um facilitador para o desenvolvimento linguístico, para programas de intercâmbio, treinamento de professores, a publicação de livros de interesse comum e para a produção de conhecimento compartilhado entre os países da CPLP.

Os objetivos do IILP também foram redefinidos. Hoje o instituto é um dinamizador da política de promoção linguística, envolvendo a promoção do português nos organismos internacionais, no treinamento de professores e nos projetos de divulgação do idioma pelos meios eletrônicos internacionais. São projetos do IILP o PPPLE (Portal do Professor de Português como Língua Estrangeira) e o VOC (Vocabulário Ortográfico Comum).

Faraco (2016) considera que é possível haver uma integração dos países de língua portuguesa diante da criação de um projeto realista que diminua as dificuldades sociais, econômicas e culturais desses países, mas, para isso, é fundamental haver uma gestão coordenada da língua pelos membros da CPLP sob as mãos do IILP, que ainda tem ações tímidas e incipientes diante do que deveria ser, de fato, sua responsabilidade. Em consonância com a ideia de Faraco, reforça-se o papel do português como língua pluricêntrica, estimulando uma visão mais integradora de todos os Estados-membros da CPLP e lhes cedendo o protagonismo que merecem.

1.4 Os primeiros passos no ensino de português como língua global no século XX

Enquanto Portugal levava consigo o português para as terras dominadas, em um período concomitante, Fernão de Oliveira publicou a "Gramática da linguagem portuguesa", em 1536. Vê-se com a obra a primeira tentativa de gramatização da língua. Esse modelo idealizado foi levado à América, à África e à Ásia. Como em todo processo de imposição linguística, surgiram nesses territórios pidgins e, posteriormente, crioulos. Em 1757, com a publicação do Diretório dos Índios pelo Marquês de Pombal, o ensino de outras línguas que não o português foi proibido no território brasileiro.

Foi apenas no século XX que o Estado português e o brasileiro começaram a produzir políticas linguísticas para que a língua fosse ensinada como língua estrangeira. Pinto (2011) aponta que Portugal criou uma política explícita de ensino de Português como Língua Estrangeira na década de 1930, trabalhando em parceria com universidades fora do país. A instauração do regime democrático no país, em 1974, somada ao seu ingresso na Comunidade Econômica Europeia, em 1986, trouxe duas vertentes de ensino de português internacionalmente: a língua ensinada como não materna e aquela com uma modalidade voltada aos filhos de emigrantes portugueses, esta última assegurada em lei.

No Brasil, o ensino de português para falantes de outras línguas teve início no processo de colonização, mas foi apenas no século XX que foi publicado o primeiro livro de português para estrangeiros no país. Escrito por Hermine Topker, a primeira edição de "A Língua Portuguesa para estrangeiros" saiu no mercado editorial em 1942, em plena época do Estado Novo. Sobre o período, Júdice (2017) relembra as metas da política de nacionalização da Era Vargas, como a assimilação da língua e da cultura brasileira pelas comunidades estrangeiras. Essencialmente de base estruturalista, com tarefas pautadas no Método Direto, a obra de Topker retrata o contexto de ensino de línguas e histórico-nacionalista do Brasil à época.

Na década seguinte, em 1957, Mercedes Marchant publica o segundo livro de português para estrangeiros no Brasil, abordando a língua com "leituras práticas, assim como exercícios de gramática e pronúncia" (Marchant, 1957, p. 7). No contexto estadunidense, em 1966, Gomes de Matos e Ellison publicam Modern Portuguese: a project of the Modern Language Association, resultante de uma iniciativa de pesquisa e avaliação na academia do país. O livro apresenta como insumo textos da escritora, jornalista e tradutora brasileira Rachel de Queiroz.

No Brasil, nas décadas seguintes, a Unicamp (Universidade Estadual de Campinas) criou cursos de português, fomentou pesquisas, a produção de materiais didáticos e até foi o berço do ENPE (Exame Nacional de Proficiência em Português como Língua Estrangeira), matriz do que hoje é o Celpe-Bras (Certificado de Proficiência em Língua Portuguesa para Estrangeiros) (Diniz, 2008). Na Unicamp, também houve o surgimento da SIPLE (Sociedade Internacional de Português Língua Estrangeira), em 1992, durante o III Congresso Brasileiro de Linguística Aplicada. O estatuto da SIPLE explica sua busca em promover e incentivar o ensino e a pesquisa na área, além de proporcionar a troca de contatos e informações entre profissionais e outras organizações com interesse na especialidade.

Na atualidade, as seguintes organizações dão voz a profissionais interessados no português como língua global:

Nome da organização	Ano de fundação	Sigla	Sede
Associação de Professores de Português	1977	APP	Portugal
Associação Internacional Lusitanistas	1984	AIL	Portugal
Sociedade Internacional de Português Língua Estrangeira	1992	SIPLE	Brasil
Brazlian Studies Association	1992	BRASA	EUA
American Portuguese Studies Association	1996	APSA	EUA
Asociación Argentina de Profesores de Português	1997	AAPP	Argentina
Association of British and Irish Lusanists	2005	ABIL	Reino Unido
Asociación de Profesores de Lengua Portuguesa en España	2006	APLEPES	Espanha
American Organization of Teachers of Portuguese	2007	AOTP	EUA
Associação de Docentes de Português da Galiza	2008	DGP	Espanha
Associazione Italiana di Studi Portoghesi e Brasiliani	2010	AISPEB	Itália
Associação de Professores de Português Língua Estrangeira do Estado do Rio de Janeiro	2012	APLE-RJ	Brasil
Elo Europeu de Educadores de Português como Língua de Herança	2013	ELO EUROPEU	Espanha
Associação Mineira dos Professores de Português como Língua Estrangeira	2014	AMPPLIE	Brasil
Associação Venezuelana para o Ensino da Língua Portuguesa	2015	AVELP	Venezuela
Association of Teachers and Researchers of Portuguese Language	2017	TROPO-UK	Reino Unido
Canadian Association of Teachers of Portuguese	2018	CATPor	Canadá
Asociación de Profesores de Português como Lengua Extrangera en Peru	2018	APPLE-PE	Peru

Quadro 2: Organizações e associações de professores de português pelo globo.

As novas configurações sociais levam o ensino de português a ter muitas faces com diversas terminologias que, de maneira não estática, refletem o tratamento investigativo dado à língua e seus desdobramentos diante da mobilidade e da diversidade humana:

| Português como língua | É a primeira língua com a qual se tem contato, geralmente falada |

materna (PLM) ou Português como primeira língua (PL1)	na esfera familiar, comunitária e, frequentemente, educativa e nacional. Seu ensino é majoritariamente voltado à norma padrão[2], muitas vezes reforçando o mito da unidade linguística nacional.
Português como segunda língua (PSL/PL2)	É desenvolvido na esfera nacional ou comunitária em ambiente de imersão, ainda que não se trate literalmente de uma segunda língua. É o caso do ensino da língua a pessoas surdas, comunidades indígenas, diaspóricas ou diplomáticas no Brasil.
Português como língua estrangeira (PLE)	É aprendido em contexto internacional, onde a língua não tem caráter oficial. Por exemplo, quando se deseja aprender português no Equador. Termo bastante usado genericamente pela comunidade internacional.
Português como língua adicional (PLA)	É aprendido em imersão ou fora dela. Esse termo tem sido amplamente usado na atualidade por ser mais abrangente e inclusivo, não apontando posições de importância entre as outras línguas faladas por quem aprende o português, mas sim benefícios ao individual e ao coletivo[3].
Português como língua de herança (PLH)	É desenvolvido geralmente a partir da segunda geração em famílias migrantes que têm o português como língua materna. São exemplos o português falado em comunidades açorianas na Califórnia e em comunidades brasileiras no Japão.
Português como língua de acolhimento (PLAc)	É desenvolvido com migrantes em situações de refúgio por perseguições de cunho religioso, político, étnico ou de outra natureza. Esse termo é usado também para diminuir a condição de poder de uma língua dominante sobre uma língua minoritária na experiência de proteção aos migrantes.
Português como língua não materna (PLNM)	É dedicado a quem não tem o português como primeira língua. Além de ser amplo, o termo é frequentemente usado nos programas de formação de professores no contexto universitário europeu.
Português para falantes de outras línguas (PFOL)	É ensinado a quem não tem o português como primeira língua. Termo bastante abrangente e amplamente usado nos programas de formação de professores no contexto universitário brasileiro.

Quadro 3: Definições terminológicas sobre o ensino de português.

Neste livro, nas seções a seguir, adotam-se duas terminologias mais gerais: Português como Língua Adicional (PLA), por a definição não oferecer julgamentos de nenhuma natureza quanto às habilidades dos aprendizes, e Português como Língua de Herança (PLH), pela constituição de outro público-alvo importante, as famílias lusófonas migrantes. Não se desconsidera, entretanto, a relevância do debate acerca das outras terminologias.

Referências
Bagno, M. *Nada na língua é por acaso: por uma pedagogia da variação linguística.* São Paulo: Parábola, 2007.

---

[2] Ao se utilizar os termos *norma-padrão*, *norma culta* e *norma vernácula*, adota-se a perspectiva de Bagno (2007), na qual a norma-padrão se refere a uma língua idealizada pela elite em posição de superioridade no sistema escolar. Já a norma culta é aquela usada pelas sociedades urbanas elitizadas. As normas vernáculas são aquelas populares e também menos prestigiadas.

Comunidade dos Países de Língua Portuguesa. *Concertação*, 2020. Disponível em <https://www.cplp.org/id-2599.aspx>. Acesso em 17 de janeiro de 2020.

Diniz, L. R. A. *Mercado de línguas: a instrumentalização brasileira do português como língua estrangeira*. Dissertação de Mestrado. Universidade de Campinas, 2008.

Ellis, F. P.; Gomes de Matos, F. *Modern Portuguese: a Project of the Modern Language Association*. Nova Iorque: McGraw-Hill, 1966.

Faraco, C. A. *História sociopolítica da língua portuguesa*. São Paulo: Parábola, 2016.

Ferreira, Manuel. *Les contours économiques de la CPLP*. In: Lusotopie – Lusotropicalisme: Idéologies coloniales et identités nationales dans les mondes lusophones. Paris: Karthala, 1997.

Freixo, A. *Minha pátria é a língua portuguesa: a construção da ideia de lusofonia em Portugal*. Rio de Janeiro: Apicuri, 2019.

Gonçalves, P. *A formação de variedades africanas do português: argumentos para uma abordagem multidimensional*. In: Atas do Congresso A Língua Portuguesa Presente e Futuro. Lisboa: Fundação Calouste Gulbenkian, 2004.

Júdice, N. *O Brasil dos anos 40 em material de ensino de português para estrangeiros*. Atas do V Simpósio Mundial de Estudos de Língua Portuguesa. Lecce: Universidade de Salento, 2017.

Leffa, V.; Irala, V. B. *O ensino de outra(s) língua(s) na contemporaneidade: questões conceituais e metodológicas*. In: Vilson J. LEFFA; Valesca B. IRALA. (Orgs.). Uma espiadinha na sala de aula: ensinando línguas adicionais no Brasil. Pelotas: Educat, 2014.

Leiria, I. *Português em África/Português de África*. In: Atti del Convegno Da Roma all'Oceano – La lingua portoghese nel mondo. Roma: La Nuova Frontiere, 2007.

Marchant, M. *Português para Estrangeiros*. Porto Alegre: Sulina, 1957.

Margarido, A. *A Lusofonia e os Lusófonos: Novos Mitos Portugueses*, Lisboa: Edições Lusófonas, 2000.

Miglievich-Ribeiro, A. *Darcy Ribeiro e UnB: intelectuais, projeto e missão*. In: Ensaio: avaliação e políticas públicas em Educação, v. 25, n. 96, pp .585-608, 2017.

Neves, F. dos S. *Para uma Crítica da Razão Lusófona: Onze Teses Sobre a CPLP e a Lusofonia*. Lisboa: Edições Universitárias Lusófonas, 2000.

Okoudowa, B. *O português, sua variação e seu ensino na África: exemplos de Angola, Caboverde, Guiné-Bissau, Moçambique e São Tomé e Príncipe*. In: Letras & Letras, v. 31, n.3, pp. 10-27, 2015.

Oliveira, G. M. *Um Atlântico Ampliado: o português nas políticas linguísticas do século XXI*. In: O Português do Século XXI. Cenários Geopolíticos e Sociolinguísticos. São Paulo: Parábola, 2013.

Pinto, J. F. *Da CPLP à Comunidade Lusófona: o futuro da lusofonia.* In: Revista Angolana de Sociologia, n. 7, 2011.
Rosário, L. do. *Cartas, uma escrita para ser ouvida.* Revista Internacional de Língua Portuguesa, n. 2, pp.31-35, 1989.
Soares, L. V. *Qual o papel da Língua Portuguesa em Timor-Leste?* In: Costa, A. B. (ed.) Congresso Portugal e os PALOP: Cooperação na área da Educação. Lisboa: ISCTE, pp. 95-102, 2010.
Teyssier, P. *História da Língua Portuguesa.* Tradução de Celso Cunha. São Paulo: Martins Fontes, 1982.

CAPÍTULO 2
A LUSOFONIA EM DIFERENTES CONTEXTOS GLOBAIS

Para entender os lugares ocupados pela lusofonia e adotar uma acepção mais contemporânea para o termo, é importante conhecer o espaço híbrido ocupado pelas línguas na atualidade. Os movimentos migratórios, os mercados e a Sociedade da Informação, aliada à Sociedade do Conhecimento, revelam o perfil de um sujeito interessado em línguas adicionais, que agreguem uma fluidez a sua identidade situada em entrelugares. Ser multifacetado linguisticamente e manter uma identidade que flutue entre várias culturas reforçam a ideia de se pensar no ensino de português sob uma ótica pluricêntrica.

Na atualidade, de acordo com o Instituto Camões (2016), 3,8% da população mundial fala português, equivalendo a 261 milhões de pessoas. A língua é oficial nos nove Estados-membros da CPLP, em Macau e em 32 organizações internacionais. Essa magnitude ocupa 10,8 milhões de km2 no planeta, correspondendo a 7,25% do seu território. Em 2050, o Instituto Camões (IC) estima que 380 milhões de pessoas falarão o idioma. Hoje o português é a quinta língua mais usada na internet, a terceira mais usada no Facebook e a quarta mais usada no mundo, atrás apenas do chinês, do espanhol e do inglês.

Há milhões de falantes de português nas diásporas, especialmente em países como os Estados Unidos, o Canadá, o Japão, o Paraguai, o Reino Unido e a Espanha. Essas pessoas integram comunidades que apresentam uma demanda para o ensino da língua, além de gerar trocas comerciais e econômicas entre os países lusófonos, contribuindo para a visibilidade do idioma em contexto internacional e fortalecendo o status do português como língua de herança (PLH). De modo a explorar a expansão e o protagonismo dado à língua portuguesa na contemporaneidade, traçar-se-á mais um percurso, desta vez, desde o século XX, quando os debates acerca da globalização tomaram mais força diante de novas configurações econômicas, intelectuais e migratórias.

2.1 O mercado linguístico no cerne da globalização

Logo após o fim da Segunda Guerra Mundial, em 1945, houve o início da Guerra Fria. As disputas entre os Estados Unidos da América e a União Soviética, respectivamente, capitalistas e socialista, tinham um caráter mais indireto, tecnológico, estratégico, geopolítico e ideológico. Ainda que houvesse a impossibilidade de vitória em uma batalha nuclear pelo massivo material bélico sob posse de ambos países, isso não os eximiu do derramamento de sangue em outros países, como nas Guerras da Coreia (1951–1953) e do Vietnã (1959–1975). Os aliados dos Estados Unidos da América integravam a Otan (Organização do Tratado do Atlântico Norte). Eram eles: o Canadá, a Grécia, a Bélgica, a Itália, o Reino Unido, a França, a Finlândia, os Países Baixos, Luxemburgo, a Dinamarca, a Noruega, Portugal, a Turquia, a Grécia e a Alemanha Ocidental. Do outro lado, os aliados da União Soviética por meio o Pacto de Varsóvia, eram Cuba, a Polônia, a Coreia do Norte, a China, a Romênia, a Alemanha Oriental, a Bulgária, a Hungria, a Iugoslávia, a então Tchecolosváquia e a Albânia. A queda do Muro de Berlim, ainda nos anos 1980, e o colapso econômico e democrático dos países sob o Pacto de Varsórvia acarretariam o fim da Guerra Fria, em 1991. O capitalismo triunfante sob a dominância dos Estados Unidos passou a ser implantado nos países da então União Soviética, influenciando massivamente as relações mundiais de maneira geral.

O poderio estadunidense trouxe mais aversão às alianças socialistas até mesmo na atualidade. Com intensificação do neoliberalismo e sua busca pelas liberdades individuais com mínima interferência do Estado, a globalização surge na busca de uma integração de cunho econômico, social, cultural e política, ainda sob a face do capitalismo, na tentativa de criar uma comunidade global que propicie um alcance maior de mercados.

Oliveira (2013) observa que o cenário pós-Guerra Fria, o avanço da Sociedade do Conhecimento, e a produção capitalista impulsionaram a informatização da produção e o crescimento dos serviços das Tecnologias de Informação e da Comunicação (TICs) por meio das línguas, dando a elas valor de mercado. O capitalismo flexível se tornou mais recorrente que o fordista pela necessidade de produções pequenas que atendessem mercados menores, tendo em vista a saturação crescente dos demais. Dessa forma, como aponta o autor, novos mercados linguísticos passaram a ser incluídos nos processos de produção para somar lucros. Esse fenômeno explica o maior interesse em formações de professores, certificados de proficiência e até mesmo oficialização das línguas.

Signorini (2013) assinala que há uma sinergia na versão contemporânea do capitalismo globalizado, em que o mercado linguístico interage com outros, como o de trabalho e o de capitais, além de se relacionar com agências de letramento e o próprio Estado na tomada de decisões. Parece assim que o capitalismo surge como única solução para o globo. Corroborando com a ideia de Oliveira (2013), para autora, sob a égide do capitalismo, as políticas linguísticas estão relacionadas ao valor econômico atribuído às línguas, considerando os benefícios econômicos trazidos por elas.

A língua portuguesa passou por três fases históricas entre 1930 e 2012: a) ditaduras e descolonização no âmbito da Guerra Fria; b) transição para sociedades democráticas e superação da desigualdade, fruto do modelo econômico dos séculos anteriores; e c) deslocamentos parciais dos centros de poder, globalização das relações internacionais e melhor posicionamento dos países de língua portuguesa, provendo acesso aos serviços cidadãos e ampliação das classes médias (Oliveira, 2013). Além disso, como Oliveira debate, a atualidade trouxe à língua portuguesa um caminho profícuo para o seu crescimento externo e interno, dados a posição dos países na sociedade internacional, o crescimento da classe média, ao consumo cultural e o acesso à internet.

Apesar de haver com essa demanda uma tendência à democratização da informação, vale lembrar que quem toma a cena paulatinamente é o neoliberalismo, causando maiores desigualdades sociais, desemprego e baixa renda. Nesse jogo, a eficácia no transporte e na transmissão de informações jogam do mesmo lado da necessidade de expansão dos grandes mercados sobre os países emergentes multilíngues, que ainda contam com poucas políticas linguísticas. Assim, a nova configuração no ensino de línguas que se dá no contexto pós-Guerra Fria, com a sucessiva hegemonia do inglês, tem aspecto promissor, mas, ao mesmo tempo, põe em risco línguas minoritárias e aquelas em perigo de extinção, como as línguas indígenas brasileiras.

2.2 Estratégias para a promoção efetiva: o português como língua pluricêntrica

Diante do histórico de formação da lusofonia e seus desdobramentos, pergunta-se: o que deve ser feito para promover e difundir a língua portuguesa de maneira efetiva na contemporaneidade? Para responder a essa pergunta, é preciso compreender primeiramente o papel do português como língua pluricêntrica. O termo, situado inicialmente na sociologia da linguagem, foi usado por Kloss (1978) para descrever línguas com vários centros de interação que propiciam o nascimento de variedades nacionais com suas próprias normas.

Clyne (1992) afirma que línguas pluricêntricas tendem a aproximar e afastar pessoas. Essa aproximação é visível pelo uso da língua e o afastamento, pela criação das normas nacionais. A cooperação entre as nações de língua pluricêntrica é possível e tem caráter de força motriz na criação de uma convergência mútua. Além disso, as necessidades políticas e econômicas intercontinentais requerem essa convergência. Clyne (1992), entretanto, questiona sobre a viabilidade de uma simetria no pluricentrismo linguístico diante das desigualdades de distribuição econômica e poder estratégico no globo. Considerando que variedades nacionais são marcas nacional-identitárias, a ideia de adoção de uma variedade padrão comum entre as nações pode ser interpretada como instrumento de opressão.

Baxter (1992) aponta que as tentativas de sistematização formal da língua portuguesa surgiram em 1536, com a primeira gramática de Fernão de Oliveira, *Gramática da lingoagem portuguesa*, e com a primeira ortografia oficial de Lião, em 1576. Após essas publicações, outros materiais de cunho prescritivo foram publicados, como dicionários e manuais de ortografia. Portugal e o Brasil fundaram órgãos diferentes para a regulação da língua: respectivamente, a Academia de Ciências de Lisboa em 1779 e a Academia Brasileira de Letras em 1897. No início do século XX, já era notável o efeito do pluricentrismo na língua portuguesa diante das tentativas de uma reforma ortográfica. Em 1943, uma convenção ortográfica foi assinada pelos dois governos com intenções de expandir a língua. Alguns traços de unilateralidade eram notáveis, especialmente, nas publicações portuguesas. Mesmo assim, ainda havia uma tentativa de unificação da escrita, resultante no acordo de 1987, que também tentava abranger os PALOP. A atitude mais recente foi o AO90 (Acordo Ortográfico da Língua Portuguesa de 1990), implementado na década de 2010 majoritariamente pelo Brasil. A proposta do AO90 não é uma unificação que apague os traços de oralidade das comunidades falantes de português, mas, sim, funcionar como uma política linguística que respeite o caráter pluricêntrico da língua.

Cada Estado-membro da CPLP apresenta uma variedade de português caracterizada pelos contatos linguísticos e culturais resultantes das invasões colonialistas. A variedade de português falada no Brasil diverge mais daquela falada em Portugal pela morfologia, léxico, fonologia, sintaxe e pragmática. Nos PALOP e no Timor-Leste, a variedade de português é mais similar à europeia pelo acesso à língua como instrumento de escolarização. Não se deve desconsiderar, entretanto, o contexto do multilinguismo desses países e os contatos de suas línguas naturais com o português e vice-versa.

Além do Estado e suas iniciativas de política e planejamento linguístico, as comunidades científicas, docentes, discentes e diaspóricas têm funções fulcrais no processo de difusão da língua portuguesa. A começar pelo papel do Estado e das instituições de representação, partilha-se do pensamento de Oliveira (2013), que reafirma a necessidade de aumentar o poder de internacionalização da língua portuguesa pela intensificação das relações internas entre membros e observadores da CPLP, blocos e organizações internacionais nos quais a língua é oficial. Sob sua ótica, mesmo com o poder do Estado, é importante intensificar a aliança estratégica entre o português e outras línguas como o inglês e o espanhol, usufruindo ainda da possibilidade de intercompreensão das línguas. Além de otimizar políticas de reciprocidade, o intercâmbio com essas línguas pode criar mais relações acadêmicas com outros países e contribuir com os processos migratórios.

É tarefa dos Estados, da academia e das lideranças comunitárias a discussão e o reconhecimento do português como uma língua pluricêntrica. Assim como as outras línguas mais faladas, como o inglês, o espanhol, o árabe e o mandarim, o português apresenta diferentes variedades nacionais com normas veiculares próprias, sendo concebível na definição de *língua pluricêntrica* de Clyne (1992). Observar a língua sob essa ótica ajudará a suavizar, pouco a pouco, a divisão marcada entre o Brasil e Portugal, barreira para o protagonismo de outros países e comunidades falantes ou interessadas na língua portuguesa.

Ao mesmo tempo em que a perspectiva do pluricentrismo trará sucesso à internacionalização do português por uma *convergência mútua* (Clyne, 1992), há estudiosos que acreditam que o português brasileiro precisa de autonomia para alcançar o sucesso no mercado das línguas. Para Bagno e Carvalho (2015), por exemplo, o êxito só será alcançado, por parte do Estado brasileiro, quando o português do Brasil for reconhecido como língua autônoma, saindo da sombra do português europeu. Com a perspectiva de que o português brasileiro e o europeu são duas línguas diferentes, principalmente pela gramática, os autores consideram o papel político e social dos linguistas para esse ganho de autonomia, evitado pela elite brasileira que ainda vê o português brasileiro como menos prestigiado.

Mesmo ciente das diferenças entre as variedades brasileira e europeia, neste livro, adota-se a concepção do português como língua pluricêntrica, de forma a evitar, especialmente em contexto internacional, a ênfase na ideia dessas variedades como línguas não inteligíveis, o que é pouco produtivo diante da heterogeneidade do público-alvo dos cursos de português, especialmente em contextos acadêmicos mundo afora. O protagonismo dividido entre o Brasil e Portugal enfraquece o mercado da lusofonia, além de apagar a representatividade de outros países e comunidades falantes de português. Oliveira (2013) ressalta que, desde a proclamação da República no Brasil, nota-se a formação de uma normalização linguística divergente: duas academias, dois dicionários, dois vocabulários ortográficos, duas nomenclaturas gramaticais, duas políticas de certificação de proficiência (os exames do Caple e o Celpe-Bras) e dois órgãos de promoção do português no mundo (o Instituto Camões e a Divisão de Promoção da Língua Portuguesa).

Como exceção nesse contexto bipartido, Oliveira (2013) apresenta a *Wikipédia* como exemplo de *normatização convergente*. Para o autor, ações como essa beneficiam os falantes ao aumentar a veicularidade da língua. Outro exemplo de tentativa de *normatização convergente* é o AO90, explicado pelo autor como uma norma ortográfica negociada entre todos os países de língua comum portuguesa, ao propor uma gestão compartilhada a ser construída no século XXI. O AO90 previu em seu texto a elaboração conjunta do VOC (Vocabulário Ortográfico Comum da Língua Portuguesa), uma plataforma on-line gratuita (ainda em construção e sob os cuidados do IILP) que funciona como um acervo léxico dos países de língua portuguesa.

2.3 O ensino de português na América Latina da contemporaneidade

Apesar da similaridade entre as línguas românicas faladas na América Latina, na sua concepção geopolítica, não há muitas políticas linguísticas pautadas em uma intercompreensão linguística que os beneficiem os países de maneira holística. Aproveitar as correspondências entre as línguas faladas pela maior parte das comunidades da América Latina através de programas de ensino de línguas de espanhol, inglês e francês facilitaria o diálogo entre os países e até seria benéfico à economia, tendo em vista os movimentos migratórios baseados, principalmente, em demandas de trabalho e crises humanitárias.

O Brasil tem, em sua dimensão continental, 23.102 quilômetros de fronteiras majoritariamente com a língua espanhola. Com a criação do Mercosul (Mercado Comum do Sul), em 1991, esperava-se promover uma cooperação econômica, tecnológica e científica entre seus Estados-membros e associados. Certamente, o processo de integração regional ampliou o mercado de línguas nesses países, entretanto, a situação atual ainda é desigual, ao se considerar a implementação do espanhol no currículo brasileiro (LDB/1996) de maneira unilateral, dada a falta de reciprocidade na implementação sistemática do português no currículo dos demais países-membros do bloco. Um retrocesso à implementação do espanhol no ensino médio brasileiro aconteceu recentemente em 2017 com a Lei no. 3.415, que prevê a não obrigatoriedade do ensino da língua no Brasil. Ainda assim, o espanhol tem oferta considerável na educação superior no Brasil, favorecendo a formação de professores do idioma.

Fora do Brasil, ainda na América Latina, o ensino de português na educação básica ainda é incipiente. As iniciativas de formação de professores nos demais Estados-membros do Mercosul acontecem mais pelos esforços dos professores em suas associações sem fins lucrativos que pelos subsídios dos Estados. Hoje a Argentina é o país de maior reciprocidade linguística com o Brasil no bloco. Na atualidade, essa integração é resultado do Tratado de Assunção, fruto do Mercosul e da Lei no. 26.468 no ano de 2009, que deu ao português um caráter de obrigatoriedade no ensino médio no país. Apesar da integração considerável entre Brasil e Argentina, de acordo com o MRE (2015), o Paraguai é um dos países que mais recebe imigrantes brasileiros, assim, as trocas comerciais e os movimentos migratórios deveriam aumentar os incentivos federais para a oferta do português.

A história de formação do Estado brasileiro excluiu e silenciou milhares de línguas faladas por brasileiros em diversos espaços sociais, corroborando com o mito do monolinguismo no país (Morello, 2016). Esse silenciamento afetou bruscamente a educação dos grupos minoritários, juntamente à ausência de políticas linguísticas para o ensino bilíngue ou plurilíngue nas escolas públicas. Contudo, as configurações globais debatidas na primeira seção deste capítulo indicam a necessidade de se extinguir o discurso monolíngue nos países de língua portuguesa, pela diversidade linguística presente nesses espaços.

Com o suporte da CAPES (Coordenação de Aperfeiçoamento de Pessoal de Ensino Superior do Brasil), o Observatório da Educação na Fronteira (OBEDF) intensificou no ano de 2011 as discussões acerca do Programa Escolas Interculturais de Fronteira (PEIF), dedicando-se às escolas brasileiras presentes nas fronteiras com o Paraguai, a Bolívia e o Mato Grosso do Sul. Com ênfase no diálogo acadêmico-comunitário, o projeto integrava as instituições de ensino superior e as escolas em território fronteiriço às iniciativas do IPOL (Instituto de Investigação e Desenvolvimento em Políticas Linguísticas) (Morello, 2016). O objetivo do OBEDF foi identificar a função das línguas nas práticas de alfabetização e letramento onde o português não detinha estatuto de primeira língua. Anos de trabalho e diálogo pedagógico-acadêmico permitiram traçar o perfil dos sujeitos envolvidos no programa e reconhecer os efeitos de se falar outras línguas nos processos de desenvolvimento linguístico sob uma prática de valorização e motivação linguística.

O PEIF, anteriormente intitulado Projeto Escola Intercultural Bilíngue de Fronteira (PEIBF), foi iniciado pelos esforços do Brasil e da Argentina na tentativa de construir uma relação intercultural e de cooperação fronteiriça entre as comunidades por meio de um trabalho educativo. Em 2001, o Setor Educacional do Mercosul propôs um plano de ação para o PEIBF, considerando a educação como ponto fulcral para a valorização da diversidade entre os dois países. A versão piloto do PEIBF, em 2004, propunha um plano de trabalho do programa e um modelo de ensino comum para as escolas em zona de fronteira. O PEIF chegou a alcançar mais amplamente o âmbito do Mercosul, com cerca de 28 cidades-gêmeas nas fronteiras dos países da América do Sul (Brasil, 2019). O artigo 1.º da Portaria no. 798, de 19 de junho de 2012, do Ministério da Educação do Brasil, instituiu o Programa para que servisse de contribuição à formação integral de crianças, adolescentes e jovens. Princípios como interculturalidade, bilinguismo, construção comum e coletiva para a elaboração do Plano Político-Pedagógico das Escolas-Gêmeas regem o programa, cuja formação docente é de responsabilidade de universidades da região.

Morello (2016) chama a atenção para a diversidade nos contextos fronteiriços, onde paraguaios, brasiguaios e bolivianos frequentam escolas brasileiras, e jovens indígenas passam a frequentar escolas não indígenas após os anos iniciais, na maioria das vezes, sem cuidado pedagógico especializado, reféns da imposição urbana. Com dados do IPOL, do IBGE (Instituto Brasileiro de Geografia e Estatística) e do OBEDF, é possível esboçar o perfil do multilinguismo no Brasil.

Línguas oficiais	2 (português e LIBRAS, oficializada em 2005)
Línguas indígenas	274
Línguas faladas por descendentes de imigrantes	56
Línguas cooficializadas	11 (tukano, nheengatu, baniwa, guarari, akwê xerente, macuxi, wapichana, pomerano, talian, hunsrückisch e alemão)
Municípios com línguas cooficializadas	30
Alcance das fronteiras brasileiras com os países sul-americanos	15.179 km
Municípios na faixa fronteiriça	528
Habitantes na faixa fronteiriça	Cerca de 10 milhões
Porcentagem de brasileiros matriculados em escolas brasileiras nas faixas fronteiriças	50%

Quadro 4: Perfil multilinguístico do Brasil. Fontes: IPOL, IBGE e OBEDF.

Ainda na América Latina, há a UNILA (Universidade Federal da Integração Latino-Americana), que está situada na tríplice fronteira Brasil-Argentina-Paraguai, dedicando-se ao desenvolvimento latino-americano também por meio da cooperação linguística. Também existem outras iniciativas de similar magnitude como o CEPI (Curso de Espanhol-Português para Intercâmbio), que teve início em 2007 em parceria com a própria UNILA, a UFRGS (Universidade Federal do Rio Grande do Sul), a *Universidad de Córdoba* e a *Universidad Nacional de Entre Ríos*. O CEPI procura aumentar a integração de países do Mercosul por meio de programas que estimulem a mobilidade acadêmica, a formação de professores e o oferecimento de cursos de português e espanhol (Carvalho, 2012).

A Rede Brasil Cultural, instrumento de difusão da língua portuguesa por parte do governo brasileiro, na América do Sul, está presente em Assunção, Buenos Aires, Georgetown, La Paz, Lima e Santiago. Por parte do governo português, é o Instituto Camões, sob o Ministério dos Negócios Estrangeiros de Portugal, que cuida da difusão do português. Com maior amplitude que o governo brasileiro, o IC dispõe de cátedras, leitorados, escolas e centros associados, protocolos de cooperação, certificações de proficiência e outras ações de difusão da língua na Argentina, no Brasil, no Chile, na Colômbia, em Cuba, no México, no Uruguai e na Venezuela.

Na Guiana Francesa, território francês que faz fronteira com o estado brasileiro do Amapá, a migração brasileira teve início nos anos 1960, abarcando hoje mais de 40.000 brasileiros, que têm em duas gerações falantes de português como língua de herança que participam de iniciativas por parte do governo francês para abraçar alunos de herança linguística brasileira e aprendizes de português como língua adicional no mesmo contexto (Silva, 2018). A escassez de iniciativas por parte do governo brasileiro faz com que as comunidades trabalhem independentemente na afirmação e na difusão da língua, contando, na maioria das vezes, com apoio unilateral do governo francês.

O Uruguai tem uma relação sociolinguística diferente com o Brasil no contexto Mercosul. Vandresen (2009) lembra que a implementação do português foi resultado do programa de ocupação portuguesa em 1640, após a restauração da monarquia. A antiga Província Cisplatina ficou entre espanhóis e portugueses e depois entre argentinos e brasileiros. A solução britânica foi criar a República Oriental do Uruguai, onde espanhol e português foram falados até o século XIX em contexto de bilinguismo sem diglossia. Em 1887, o espanhol foi considerado obrigatório no ensino em detrimento ao português, criando uma situação de diglossia clássica até 1950. De um lado, os descendentes de português falavam o português fronteiriço e, de outro, nos setores educacional, institucional e religioso, o espanhol. Com a ditadura militar, entre 1970 e 1980, essa diglossia passou a ser autoritária. O português, chamado também de fronteiriço, era considerado antinacional, carregando repressões e estigmas sociolinguísticos (Vandresen, 2009).

O Mercosul surgiu como uma reviravolta nesse contexto, especialmente com a implementação do *Programa de Inmersión Dual Español-Português em escolas fronteiriças* (Vandresen, 2009). O programa, que tem como objetivo promover a fluência dos alunos nas duas línguas, gerou, inclusive, uma formação continuada de professores.

Faulstich (1997) indica que há um *continuum* na relação fronteiriça Brasil-Uruguai que perpassa os limites territoriais, desenhando uma interlíngua que se move em direção à mudança nos sistemas de base, o espanhol e o português. Essa interlíngua consiste em uma alteração, um *continuum* linguístico, devido ao apagamento dos limites de fronteira em que esses dois sistemas estão em permanente contato.

Além do contexto uruguaio, para Faulstich (1997), há um *continuum* linguístico também ao longo da fronteira do Brasil com a Argentina. A autora debate que os programas do Mercosul e as políticas linguísticas ajudam a repensar a errônea política do monolinguismo (Bortoni-Ricardo, 1984) na América Latina, colocando-nos em contato com modos diversos de pensar, considerando-se a indefinição a e instabilidade características em contextos fronteiriços. Mais discussões acerca do português no Uruguai podem ser encontradas no estudo de Bortolini, Garcez e Schlatter (2013) sobre o cotidiano escolar uruguaio em contexto de fronteira com o Brasil.

2.4 O ensino de português em contextos linguísticos minoritários no Brasil

Como mencionado na seção anterior, no Brasil, há um mito de monolinguismo (Bortoni-Ricardo, 1984) que traz invisibilidade às minorias linguísticas: povos indígenas, comunidades migrantes e até mesmo falantes de variedades desprestigiadas do português, a quem a norma culta tem mais cara de segunda língua que de primeira. No Brasil, as comunidades não falantes de português como primeira língua são formadas por indígenas, imigrantes – diante dos movimentos de trabalho e das crises humanitárias mundiais – populações presentes nos contextos fronteiriços, e os surdos – 4,8% da população nacional de acordo com o Censo de 2010.

Quanto aos povos indígenas, antes da chegada dos europeus, não se sabe exatamente o número de línguas existentes. Para Rodrigues (2015), só no interflúvio Tajapós-Madeira havia cerca de 61 povos e 45 línguas. Por essa projeção, estima-se que a Amazônia tinha cerca de 700 línguas. Das 700 línguas faladas no início do processo colonial, há hoje cerca de 140, 20% apenas. Em 400 anos, houve o desaparecimento de mais de 500 povos diferenciados por suas línguas e culturas. Os Tikuna, etnia com língua indígena mais falada no Brasil hoje, contam com apenas 23 mil falantes (Rodrigues, 2015). Esses dados revelam a importância do trabalho linguístico de documentação e revitalização nessas comunidades, especialmente com a formação de professores indígenas.

Cavalcanti (1999) lembra que as línguas indígenas são frequentemente chamadas de feias, de gírias, havendo assim um incentivo para a construção da baixa autoestima linguística da população indígena. As línguas africanas também são pouco mencionadas na formação do português do Brasil. As línguas de imigrantes foram até proibidas. A autora aponta que em 1918, com a campanha de nacionalização, as línguas faladas pelas comunidades de imigrantes sofreram uma proibição preventiva. A partir de 1938, com a Era Vargas, via-se uma posição mais ostensiva. Nessa época, os surdos eram confinados em comunidades silenciosas e questionava-se até se a Libras era uma língua.

De acordo com Constituição de 1988, há um direito assegurado à educação bilíngue para as comunidades bilíngues que só se realiza devido ao trabalho de indigenistas, Organizações Não Governamentais (ONGs) e grupos de pesquisas (Cavalcanti, 1999). As escolas em contexto indígena deveriam ser bilíngues, com profissionais bilíngues, mas cada vez mais as comunidades indígenas perdem suas vozes e direitos diante das lideranças governamentais que pouco, ou quase nada, respeitam os povos originários e a educação pública.

2.5 Iniciativas dos governos português e brasileiro para a internacionalização do português

Como se apresentou no primeiro capítulo, a ideia por trás da CPLP é promover uma concertação entre seus Estados-membros, buscando dar protagonismo a todos. Entretanto, muito da CPLP permanece no plano das ideias, considerando que as limitações de países em desenvolvimento, como o Brasil, dispõem de investimentos incipientes na língua portuguesa. Por parte do Estado português, o Instituto Camões trabalha na promoção da língua portuguesa com o ensino, a certificação de proficiência e as ações culturais. O Instituto Camões atua em 84 países e tem, de acordo com dados do próprio instituto em 2016, 70 mil alunos no ensino básico e secundário e outros 90 mil no ensino superior e nas organizações internacionais. O Instituto conta com mais de 1400 professores. São cerca de 40 cátedras em estudos portugueses e 69 Centros de Língua Portuguesa, além dos 19 Centros Culturais Portugueses. As suas mais de 1200 ações visam a cooperação nas relações internacionais de forma a contribuir para a resolução de problemas de países parceiros. É possível, com a ajuda do Instituto Camões, ter acesso à aprendizagem da língua a distância ou presencialmente. Aos professores, são oferecidos cursos de formação contínua creditados pelo Conselho Científico-Pedagógico para a Formação Contínua. Realizada pelo Centro de Avaliação e Certificação de Português Língua Estrangeira (CAPLE), a certificação de proficiência em português também é uma ação do Estado português.

Por parte do Estado Brasileiro, é a Divisão de Temas Educacionais e Língua Portuguesa (DELP), sob a égide do Ministério das Relações Exteriores, que cuida da internacionalização da língua. A DELP, antiga DPLP (Divisão de Promoção da Língua Portuguesa) gerencia a Rede Brasileira de Ensino no Exterior (RBEx), que abrange Centros Culturais Brasileiros, mais de vinte mundialmente, Institutos Culturais Bilaterais e Leitorados, que apesar de terem obtido uma amplitude considerável no início dos anos 2010, com mais de 40 postos ativos, sofreram uma descontinuidade de oferta por parte do governo federal no interstício de 2015 e 2018. Hoje há cerca de 20 postos ativos, tendo vários sido extintos. As iniciativas brasileiras atualmente refletem uma ausência de políticas linguísticas externas voltadas à América Latina e à África.

Ainda pouco explorados pela pesquisa acadêmica e pelo próprio Estado brasileiro, há outros programas de difusão da língua com vistas ao desenvolvimento cooperativo com outros países, como o PEC-G (Programa Estudantes – Convênio de Graduação) e o PEC-PG (Programa Estudantes – Convênio de Pós-Graduação), criados em 1965 com o objetivo de formar recursos humanos em países em desenvolvimento. O PEC abre oportunidades acadêmicas a estudantes de países com os quais o Brasil mantém relações educacionais, permitindo o ingresso desses estudantes em Instituições de Ensino Superior (IES) públicas mediante a obtenção do nível mínimo intermediário no Exame Celpe-Bras. De acordo com a página oficial do programa, o PEC tem países participantes da África, da América Latina e da Ásia. O Exame Celpe-Bras também é uma política linguística do governo brasileiro, tendo caráter governamental e federal.

Apesar do ainda tímido alcance por parte do Estado brasileiro, é fundamental reconhecer a expressividade e a ocupação de espaços de fala nas comunidades acadêmicas nacionais e internacionais por parte de pesquisadores e professores brasileiros, que, mesmo diante da escassez de recursos oriundos do âmbito federal, mantêm o ensino e a pesquisa em PLA, PLAc e PLH em altos patamares.

2.6 As diásporas lusófonas e o ensino de português em outras esferas do globo

Para além dos territórios invadidos por Portugal na época das grandes navegações, o português está presente em outras partes do globo, principalmente, devido aos processos migratórios e à formação de diásporas na atualidade. Apesar da tentativa de se fazer um apanhado nesta seção, assinala-se que a magnitude dos processos migratórios impede que se abrace com muito detalhamento a presença de todas as comunidades lusófonas nos quatro cantos do globo. Assim, nesta seção foca-se nas diásporas lusófonas com maior contingente populacional na atualidade.

De acordo com o MRE (2016), há 3.083.258 milhões de brasileiros em contexto internacional. As dez maiores diásporas brasileiras estão, em ordem decrescente, nos Estados Unidos (1.410.000), no Paraguai (332.042), no Japão (170.229), no Reino Unido (120.000) em Portugal (116.271), na Espanha (86.291), na Alemanha (85.272), na Suíça (81.000), na Itália (72.000) e na França (70.000). Esses números diferem de outros dados mundiais oficiais, com os das Nações Unidas. Há uma população expressiva também no Canadá, 43.000, somada à população de ancestralidade portuguesa, cerca de 500.000, que merece ser debatida. Sabe-que, apesar de ser um número oficial, este número é uma estimativa, pois muitos cidadãos em contexto internacional estão indocumentados e temem se apresentar nas premissas consulares.

Nos Estados Unidos, onde há mais de 1.300.000 falantes de português, majoritariamente nas Costas Leste e Oeste, a presença portuguesa teve início na época da Corrida do Ouro no Estado na Califórnia (Fernandes, 2018). Essas comunidades, majoritariamente açorianas e madeirenses, dedicavam-se com frequência à produção de alimentos. Estudos também indicam a presença de pessoas escravizadas de origem angolana no estado de Nova Iorque e da Virgínia antes disso, em meados do século XVIII (Thomas, 1997). A migração brasileira para o país tem início no século XX, durante o processo de industrialização bélica requerido durante a Segunda Guerra Mundial (Brasil, 2017). Em meados dos anos 1980, a entrada de brasileiros indocumentados no país teve início significativo. Hoje a presença de departamentos de espanhol e português nas universidades mais renomadas do país indica o alcance da língua também no nível acadêmico, além disso, sua presença é marcante na oferta de cursos na educação básica. Além de ser uma língua documentada pelo *National Council of Less Commonly Taught Languages* (NCOLCTL), o português é uma língua crítica subsidiada por iniciativas federais como a *Critical Language Scholarship Program*.

De acordo com Silva (2013), há cerca de 500.000 portugueses no Canadá. Como nos Estados Unidos, no Canadá, é comum encontrar departamentos de espanhol e português nas grandes instituições de ensino superior, o que indica grande interesse acadêmico-científico na língua. O Canadá recebeu um grande número de portugueses em 1953, diante da necessidade de trabalhadores estrangeiros, assim como os Estados Unidos. Esses portugueses, majoritariamente homens, tinham baixo nível de escolarização, vinham dos Açores e trabalhavam nos contextos rurais. Aqueles vindos do continente, geralmente, obtinham vagas de trabalho de maior liderança. Silva (2013) debate que os status sociais ainda são um problema no reconhecimento da cultura açoriana, frequentemente posta em posição de desvantagem diante da portuguesa continental e, muitas vezes, apagada diante da tentativa de homogeneização da cultura portuguesa. Para o autor, essa marginalização é vista em várias esferas, até mesmo nas educacionais.

Na Europa, o Reino Unido está entre os cinco países com mais imigrantes brasileiros (MRE, 2016). Além disso, o censo escolar inglês apontou haver em 2012 mais de 24.000 falantes de português matriculados em escolas do país. Diante da demanda há escolas complementares de português e muitos serviços oferecidos na língua, mais frequentemente, em Londres: babás, trabalhadores da construção, saúde, comércio, imobiliária, etc. (Souza; Barradas, 2014). O contexto religioso também agrega muitos brasileiros, que trouxeram consigo suas crenças e costumes. Souza (2016) aponta que há cerca de oito igrejas católicas, vinte pentecostais e onze grupos kardecistas, que mesmo falando também o inglês para abraçar suas comunidades, levam para cima o número de crianças que aprendem português em escolas complementares.

Na Espanha, segundo país com mais imigrantes brasileiros de acordo com o MRE (2016), as escolas de português para falantes de herança têm menores dimensões (Souza, 2016), havendo uma em Madri e outra em Barcelona. De três escolas, só uma, em Barcelona, realmente, se dedicava exclusivamente ao ensino de português como língua de herança (Souza, 2016). Essa escola, que se chamava Brincar, surgiu em 2008 por meio de uma iniciativa comunitária, mas não está ativa.

Além do contato com os portugueses no Japão no início século do anterior, a diáspora brasileira trouxe a necessidade do ensino do português em escolas de nível fundamental e médio, reafirmando, inclusive, a presença marcante da língua no ensino superior (Matos, 2016). De acordo com a Embaixada do Brasil em Tóquio (2019), há quarenta e cinco escolas com língua portuguesa homologadas no Japão. A emigração brasileira levou a preferência pelo português brasileiro no contexto acadêmico. De acordo com Rocha (2013), 31 universidades japonesas oferecem cursos de português. Conta-se ainda com o suporte da Embaixada do Brasil e das ações de promoção da língua pelo Instituto Camões.

Considerando os dados oficiais do Instituto Camões (2019) e sua coordenação de ensino de português na Alemanha, há 37 professores da língua no país vinculados ao Instituto e cerca de três mil alunos espalhados em 114 escolas de ensino fundamental e médio nas áreas consulares portuguesas de Berlim, Düsseldorf, Estugarda e Hamburgo. Esses estudantes aprendem o português como língua de herança, língua adicional ou, ainda, como parte de projetos bilíngues. Além das políticas linguísticas governamentais, famílias brasileiras têm, por iniciativa comunitária própria, criado estratégias de manutenção da língua e da cultura nacional. Um exemplo disso é a *Linguarte*, uma associação de pais e professores da comunidade brasileira em Munique, que desde 2003 promove a língua portuguesa na variedade brasileira com aulas, produções didáticas e atividades culturais. Em Berlim, há a Escola *Berlin Neues*, que também surgiu de uma iniciativa comunitária e hoje oferece educação bilíngue no ensino fundamental. Em Liechenstein, encontra-se a *Casa Brasil Liechtenstein*, que oferece o português como língua de herança (Zeiner, 2015). Na esfera do ensino superior, Becker (2015) aponta para um crescimento crescente na difusão da língua portuguesa, que acompanha outras línguas estrangeiras. Além de leitorados com a apoio do governo português e, em tempos anteriores, do brasileiro, o português é uma disciplina crescente com espaço mais consolidado em universidades como a Universidade de Hamburgo e a Universidade de Johannes Gutenberg.

Na Suíça, Zeiner (2015) afirma que as comunidades lusófonas têm uma dimensão considerável porque, além dos portugueses, segundo grupo da União Europeia que mais migra para o país, os brasileiros também iniciaram uma onda migratória para lá no início dos anos 2000. O Observatório de

Emigração de Portugal (2016) estima que cerca de 216.000 pessoas de nacionalidade portuguesa vivam no país, sem contar os lusodescendentes. Os cursos de português na Suíça, outra vez, partiram de iniciativas familiares e comunitárias. Considerando as diferenças dos movimentos diaspóricos, Zeiner (2015) aponta que a variedade brasileira e a portuguesa são ensinadas separadamente e oferecidas por organismos particulares. Gonçalves (2016) traça um percurso do ensino de português no país, indicando que nos anos 1970 teve início a imigração portuguesa. Nos anos 1980, começaram as ofertas de curso de português como resultado do engajamento das famílias portuguesas, muitas vezes, impedidas de matricular seus filhos em escolas públicas por questões de leis migratórias. Gonçalves (2016) afirma que a "Escola Portuguesa", com as aspas da autora, surgiu em compasso com os caminhos da Escola Suíça. Os cursos de português, mais presentes na Suíça francesa, especificamente em Friburgo, Lausanne e Genebra, se estenderam à parte alemã do país. Surgiram, assim, uma Associação Portuguesa em Zurique e até mesmo um leitorado português na Universidade de Zurique. Hoje, de acordo com a Coordenação de Ensino Português na Suíça, os cursos de língua e cultura portuguesa estão localizados em vinte e quatro cantões suíços e em mais de 100 escolas de ensino fundamental e médio. As comunidades brasileiras também têm batalhado por seus espaços de fala, fundando organizações como a ABEC (*Associação Brasileira de Educação e Cultura*), em Winterthur, que oferece cursos de português majoritariamente como língua de herança. Buscando mais conexão entre as comunidades lusófonas, o Entrelaçar, no Cantão de Vaud, abraça ambas as comunidades e oferece serviços de demanda comum a imigrantes.

Na Itália, de acordo com Cecílio (2018), desde 2015, o português está oficialmente integrado no currículo escolar por meio do decreto no.12 do Ministério da Instrução, da Universidade de Pesquisa da Itália, publicado em maio de 2014. Entretanto, apesar de ser uma língua de estudos na academia do país, o português hoje é ensinado em apenas uma escola de ensino médio (Cecílio, 2018). De acordo com o Instituto Camões (2015), o foco na língua teria um aumento diante das formações de professores oferecidas pela Universidade dos Estudos Internacionais de Roma e pela Universidade Ca'Foscari, em Veneza. Cecílio (2018) chama a atenção para a polarização entre português brasileiro e português europeu na academia italiana, já que alguns materiais didáticos já se referem ao ensino de uma língua brasileira. Além das iniciativas do governo português, o governo brasileiro subsidia um leitorado na Universidade de Bolonha desde a década de 2000, universidade com relação significativa com o Estado brasileiro, de acordo com a autora. Por parte das iniciativas comunitárias, associações como a *Warã – Associação Cultural Ítalo-Brasileira* oferecem atividades culturais e colaboram com o Consulado Geral do Brasil em Milão. Além disso, em Roma, há o Centro Cultural Brasil-Itália que, fundado nos anos 1960, oferece aulas de português e atividades culturais à comunidade local, além de ser um posto aplicador, o único do país, do Exame Celpe-Bras.

De acordo com o Observatório de Emigração Português (2016), cerca de 615.000 portugueses vivem na França, além dos lusodescendentes, falantes de herança, que podem fazer esse número beirar um milhão. Aumentando esse número, o país também é destino das comunidades brasileiras. Apesar de o português ter sido introduzido no ensino secundário francês na década de 1970 (Pinto e Voisin, 2014), Souza (2013) chama atenção para o status da língua portuguesa no país. Segundo a autora, o português não tem muito prestígio por estar pouco integrado ao currículo escolar. Assim, a difusão da língua tem mais iniciativas comunitárias que governamentais. Infelizmente, falta de protagonismo da língua portuguesa na esfera escolar pode causar o apagamento da língua nas gerações vindouras. Iniciativas dos governos português e brasileiro, como leitorados e políticas de cooperação, são fundamentais para a promoção da língua, especialmente, no contexto universitário no país.

2.7 O processo de ressignificação da lusofonia

As discussões neste capítulo evidenciam que se faz necessária a constituição de uma língua comum (Oliveira, 2013), que não seja refém de uma centralidade, provendo protagonismo às diversas comunidades falantes de português pelo globo, que atuarão como uma base forte na tomada de decisões e no levantamento de recursos que contribuirão para a ascensão acadêmica, comunitária e intelectual da língua.

Para que isso se concretize, é preciso que as nações que têm o português como língua oficial, especialmente o Brasil e Portugal, cedam espaço aos outros membros das comunidades lusófonas, desconstruindo o mito, como Mira Mateus (2002) alerta, dos detentores de uma variedade ou língua superior.

Não se pode, entretanto, esquecer que o ressentimento histórico traz grande parte dessa falta de harmonia para uma prospecção de visão pluricêntrica da língua. É preciso ter cuidado para não se propor silenciosamente uma homogeneidade linguística que prive as comunidades falantes de português de possuírem identidade própria, refletindo de certa maneira um neocolonialismo.

Signorini (2013) lembra que do lado brasileiro há uma tendência de uma visão mais genérica sobre a oficialidade da língua portuguesa que não abraça sem timidez uma convergência linguística, distanciando-se de uma filiação portuguesa. É preciso compreender que, especialmente em contexto internacional, os estudantes têm como motivação questões que vão além do conhecimento e da adoção de uma identidade nacional. Muitas vezes, eles desejam compartilhar conhecimentos e trajetórias em um *mundo desterritorializado* (Moita Lopes, 2013) regido pela Comunicação Mediada por Computadores (CMC).

Moita Lopes (2013) chama a atenção para o uso transidiomático das línguas, quando estas são vistas como recursos comunicativos. Assim, a língua portuguesa pode ser um desses recursos diante de situações híbridas em fronteiras, sejam elas virtuais ou concretas. Conceber o português dessa maneira, por meio dos usos e da construção de significados nas práticas linguísticas, abre espaço para as discussões da língua nos tempos contemporâneos de *hibridização cultural*, observando discussões que vão além dos elementos estruturais internos e idealizados da língua. Dessa forma, ao ceder protagonismo a múltiplos atores e instituições, o processo de ressignificação da lusofonia passará a ser mais efetivo e inclusivo.

Referências

Bagno, M.; Carvalho, O. L. S. *O potencial do português brasileiro como língua internacional*. In: Interdisciplinar – Revista de Estudos em Língua e Literatura. Ano X., v. 22, pp. 11-26, 2015.

Baxter, A. N. *Portuguese as a Pluricentric Language*. In: Pluricentric Languages: Differing Norms in Different Nations. Clyne, Michael (Org.), vol. 62, Walter de Gruyter, pp. 11–23, 1992.

Becker, J. *O Ensino do Português como Língua Estrangeira na Alemanha – O Enquadramento do Português no Ensino Superior Alemão*. Dissertação de Mestrado. Univrsidade de Nova Lisboa, 2015.

Bortolini, L. S.; Garcez, P. M; Schlatter, M. *Práticas linguísticas e identidades em trânsito: espanhol e português em um cotidiano comunitário escolar uruguaio na fronteira com o Brasil*. In: Português no século XXI: ideologias linguísticas, Moita Lopes, Luis Paulo da. (Org.). São Paulo: Parábola, 2013.

Bortoni-Ricardo, S. M. *Problemas de comunicação interdialetal*. In: Lemle, Miriam. (Org.), Sociolinguística e Ensino do Vernáculo. Rio de Janeiro: Tempo Brasileiro, 1984.

Brasil. *Escolas de Fronteira*. Ministério da Educação. 2019. Disponível em < http://educacaointegral.mec.gov.br/escolas-de-fronteira>. Acesso em 21 de julho de 2019.

_____. *Estimativas Populacionais das Comunidades Brasileiras no Mundo*. 2015.Ministério das Relações Exteriores. Disponível em <http://www.brasileirosnomundo.itamaraty.gov.br/a-comunidade/estimativas-populacionais-das-comunidades/Estimativas%20RCN%202015%20-%20Atualizado.pdf>. Acesso em 12 de julho de 2019.

_____. *Constituição Federal de 1988*. Disponível em <http://www.planalto.gov.br/ccivil_03/constituicao/constituição.htm>. Acesso em 10 de janeiro de 2019.

_____. *Lei 13.145/2017*. Disponível em < http://www.planalto.gov.br/ccivil_03/_Ato2015-2018/2017/Lei/L13415.htm>. Acesso em 9 de janeiro de 2019.

_____. *Conheça a Comunidade*. Consulado-Geral do Brasil em Tóquio. 2019. Disponível em < http://cgtoquio.itamaraty.gov.br/pt-br/conheca_a_comunidade.xml>. Acesso em 13 de dezembro de 2018.

_____. *Lei de Diretrizes e Bases da Educação Nacional*, 9394/1996. Disponível em < http://www.planalto.gov.br/ccivil_03/leis/l9394.htm>. Acesso em 13 de dezembro de 2018.

_____. *Programa Estudantes-Convênio de Graduação*. Ministério da Educação. 2019. Disponível em < http://portal.mec.gov.br/pec-g>. Acesso em 10 de dezembro de 2018.

_____. *Brasileiros nos Estados Unidos: meio século (re)fazendo a América (1960 – 2010)*. Ministério das Relações Exteriores, Brasília: 2017.

_____. *Portaria no. 798, 2012*. Disponível em <http://educacaointegral.mec.gov.br/images/pdf/port_798_19062012.pdf>. Acesso em 21 de maio de 2019.

Calvet, L. *Le marché aux langues: les effets linguistiques de la mondialisation*. Paris: Plon, 2002.

Carvalho. S. C. *Políticas de Promoção Internacional da Língua Portuguesa: Ações na América Latina*. In: Trabalhos em Linguística Aplicada, n. 51, v. 2, pp. 459-484, 2012.

Portugal. *Díptico da Língua Portuguesa*. Instituto Camões. 2016. Disponível em <https://www.instituto-camoes.pt/images/eplp/Diptico_dlp16.pdf>. Acesso em 12 de julho de 2018.

Cavalcanti, M. C. *Estudos Sobre Educação Bilíngue e Escolarização em Contextos de Minorias Linguísticas no Brasil*. In: D.E.L.T.A., v. 15, n. especial, pp. 385-417, 1999.

Cecílio, L. A. *O Leitorado Brasileiro na Itália: experiências e propostas*. In: Ensino e aprendizagem de língua portuguesa e cultura brasileira pelo mundo: experiências do Programa Leitorado do Brasil, Morelo, B.; Vargas da Costa, E.; Farencena Kraemer, F. (Orgs.). Nova Jersey: Boavista Press, 2018.

Clyne, M. G (ed.). *Pluricentric Languages: Differing Norms in Different Nations*.

Nova Iorque: Walter de Gruyter: 1992.

Comunidade dos Países de Língua Portuguesa. *Concertação*, 2020. Disponível em <https://www.cplp.org/id-2599.aspx>. Acesso em 17 de janeiro de 2020.

Faulstich, E. *O portunhol é uma interlíngua?* Seminário apresentado no Institut Universitari de Linguística Aplicada (IULA), Universitat Pompeu Fabra (UPF), Barcelona, em 21 de abril de 1997.

Fernandes, E. *Imigrações lusófonas e contribuições linguístico-afirmativas na jurisdição do leitorado brasileiro em Davis.* Ensino e aprendizagem de língua portuguesa e cultura brasileira pelo mundo: experiências do Programa Leitorado do Brasil, Morelo, B.; Vargas da Costa, E.; Farencena Kraemer, F. (Orgs.). Nova Jersey: Boavista Press, 2018.

Gonçalves, M. L. *A "Escola Portuguesa" na Suíça.* Revista da Associação Cultural de Expressão Portuguesa. Genebra, pp. 7-8, 2016.

Kloss, H. *Die Entwicklung neuer germanischer Kultursprache seit 1800.* 2a ed. Düsseldorf: Pädagogischer Verlag Schwann, 1978.

Matos, A. S. *O ensino de Português na Ásia Oriental: de quem para quem.* In: Fórum Sociológico. V. 28, Série 2, 2016. Disponível em < https://journals.openedition.org/sociologico/1436>. Acesso em 12 de novembro de 2018.

Mira Mateus, M. H. Uma política de língua para o português. Lisboa: Colibri, 2002.

Moita Lopes, L. P. *Ideologia linguística: como construir discursivamente o português no século XXI.* In: Português no século *XXI*: ideologias linguísticas, Moita Lopes, Luis Paulo da. (Org.). São Paulo: Parábola, 2013.

Morello, R. *Línguas, Fronteiras e Perspectivas para o Ensino Bilíngue e Plurilíngue no Brasil.* In: Política Linguística em Contextos Plurilíngues: Desafios e Perspectivas para a Escola, Morello, Rosângela; Martins, Marci Fileti (Orgs.). Florianópolis: Garapavu, 2016.

Oliveira, G. M.. *Um Atlântico ampliado: o português nas políticas linguísticas do século XXI.* In: In: Português no século *XXI*: ideologias linguísticas, Moita Lopes, Luis Paulo da. (Org.). São Paulo: Parábola, 2013.

Pinto, R. F.; Voisin, J. *Português Língua Estrangeira (PLE) em espaço francês: La Rochelle (França metropolitana) e Saint Georges de L'Oyapock (Guiana Francesa).* C@LEA – Revista Cadernos de Aulas do LEA, n. 3, pp. 107-122, 2014.

Portugal. *Rede do Ensino Português na Alemanha.* Camões, Instituto da Cooperação e da Língua. Ano Letivo 2018/2019. Disponível em <https://www.berlim.embaixadaportugal.mne.pt/images/REDE_DO_

ENSINO_PORTUGUÊS_NA_ALEMANHA.pdf> Acesso em 19 de maio de 2019.

Portugal. *Observatório de Imigração*. 2018. Disponível em < http://observatorioemigracao.pt>. Acesso em 27 de novembro de 2018.

Rocha, I. D. A. A. R. *Português para Alunos Japoneses: Propostas Didáticas*. Dissertação de Mestrado. Universidade de Nova Lisboa, 2013. Disponível em <https://run.unl.pt/bitstream/10362/10243/1/Iris%20-%20DISSERTAÇAO.pdf>. Acesso em 19 de dezembro de 2019.

Rodrigues, A. D. *Biodiversidade Etnolinguística na Amazônia*. In: Ecolinguística: Revista Brasileira de Ecologia e Linguagem, v. 1, n. 1, pp. 36-46, 2015.

Signorini, I. *Política, Língua Portuguesa e Globalização*. In: Português no século XXI: ideologias linguísticas, Moita Lopes, Luis Paulo da. (Org.). São Paulo: Parábola, 2013.

Silva, E. *Tensões sociolinguísticas na comunidade portuguesa/lusófona de Toronto*. In: Português no século XXI: ideologias linguísticas, Moita Lopes, Luis Paulo da. (Org.). São Paulo: Parábola, 2013.

Silva, K. K. C. *O português como língua de herança na Guiana Francesa: entre realidades e potencialidades*. In: Revista X, Curitiba, v.13, n. 1, pp. 297 - 322, 2018.

Souza, A. (Org.). *Português como Língua de Herança em Londres: Recortes em Casa, na Igreja e na Escola*. Campinas: Pontes, 2016.

Souza, A.; Barradas, O. *Português como Língua de Herança: Políticas Linguísticas na Inglaterra*. In: Revista Siple, v. 6, 2014. Disponível em < http://www.siple.org.br/index.php?option=com_content&view=article&id=297:portugues-como-lingua-de-heranca-politicas-linguisticas-na-inglaterra&catid=69:edicao-6&Itemid=112>. Acesso em 19 de maio de 2019.

Thomas, H. *The Slave Trade: The Story of the Atlantic Coast*. Nova Iorque: Touchstone,1997.

Vandresen, P. *A expansão da América Latina*. In: Cadernos de Letras da UFF – Dossiê: Difusão da língua portuguesa, n. 38, pp. 185-195, 2009.

Zeiner, A. M. *Língua e identidade na Europa: Um panorama do ensino de PLH nos países de língua alemã*. In: LINCOOL - Língua e Cultura, a revista eletrônica sobre PLH, n. 0, pp. 1-23, 2015.

CAPÍTULO 3
ABORDAGENS E MÉTODOS NO ENSINO DE LÍNGUAS: PANORAMA E RETRATO DA PRODUÇÃO CONTEMPORÂNEA

Apesar de as lutas por poderio e território, somadas às suas consequentes imposições linguísticas, terem sido propulsoras para as práticas de ensino de línguas, foi apenas no século XIX que a profissão de professor de línguas passou a ter reconhecimento. Naquele momento, o modelo de ensino de línguas clássicas, como o latim e o grego, servia de base para o ensino de línguas modernas. O século XIX foi marcado por três etapas no ensino de línguas no contexto europeu: 1) a incorporação de línguas estrangeiras no currículo das escolas secundárias; 2) o ensino utilitário decorrente da aproximação das nações europeias; e 3) o Movimento da Reforma, impulso para a Linguística e a Fonética, especialmente em 1886, com o surgimento do Alfabeto Fonético Internacional (Messias & Norte, 2011).

Há muitas delimitações teóricas e até mesmo terminológicas no ensino de línguas. Antes de debatê-las, é preciso responder à pergunta: o que são abordagens, métodos e técnicas? Na proposta terminológica de Anthony (1963), há três níveis que se organizam de forma hierárquica: a abordagem, o método e a técnica. Com base em sua delimitação, propõem-se as seguintes noções para cada um deles:

	Abordagem	Agrupamento de bases teórico-práticas que guiam o processo de ensinar e de aprender uma língua.
	Método	Adequação de uma abordagem e sua concretização para o alcance de objetivos de desenvolvimento linguístico.
	Técnica	Recursos e estratégias usados na sala de aula ou fora dela para concretizar os objetivos do método e, consequentemente, o desenvolvimento linguístico.

Essa delimitação teórica é importante para entender o que permeia as práticas de ensino e a concepção de língua dos autores de materiais, professores e pesquisadores. Neste capítulo, percorrer-se-á uma linha do tempo sobre o ensino de línguas para se apresentar a formação das abordagens de ensino.

3.1 Uma linha do tempo para o ensino de línguas

Antes de conhecer as abordagens de ensino de línguas, observe a linha do tempo a seguir, com os principais marcos de meados de 1800 até o final do século XX:

Marco	Contextualização	Desdobramentos para o desenvolvimento linguístico
Período: 1830		
A pré-Reforma	Howatt (1984) elenca quatro estudiosos que preconizaram a reforma vindoura contestando métodos antiquados: Jacotot, Marcel, Gouin e Prendergast. Com ideias não integradas que receberam pouca credibilidade, no século XX, esses pesquisadores influenciaram nomes como Palmer e West.	Jacotot acreditava que a função do professor era meramente responder os alunos e não os direcionar e dar-lhes explicações antecipadamente. Já Marcel, propulsor do Método Racional no ensino de línguas, polemicamente, afirmava que a pronúncia não era importante (Howatt, 1984).
Período: Meados do século XIX		
O Método da Gramática-Tradução	Ensino da língua-alvo exclusivamente pela língua do aprendiz de forma dedutiva. O ensino de línguas deveria resultar em desenvolvimento intelectual e disciplina mental. Com dedicação mínima às habilidades de falar e ouvir, a primeira língua deveria servir como sistema de referência na aquisição da segunda língua (Stern, 1983). A dominância deste método aconteceu até cerca de 1940 (Richards & Rodgers, 1986).	Uso de textos literários para exercícios de tradução. Foco nas habilidades de leitura e escrita que incluía a memorização de listas de palavras fora de contexto. O professor tem o papel central. Segundo Richards & Rodgers (1986), apesar de não haver teorias de embasamento, o método ainda é usado, especialmente, nos livros didáticos de ensino universitário, frequentemente produzidos por especialistas em literatura e não em ensino de línguas ou linguística aplicada.
Período: O Método Direto		
	Ensino da língua por ela mesma de modo indutivo, cedendo espaço para situações específicas de uso e cultura, pois saber uma língua também requer saber como os falantes dela vivem (Larsen-Freeman, 2000). Também conhecido como Método Natural, foi adotado em escolas de línguas comercialmente, como a Berlitz, que o intitulou de Método Berlitz (Richard & Rodgers, 1986).	Uso de recursos visuais e mímicos para evitar outras línguas em sala. Habilidades de fala e compreensão oral têm certo espaço. Aluno e professor atuam como parceiros (Celce-Murcia, 2001). O professor atua como livro didático para aprendizes iniciantes.
Período: 1880		
O Movimento da Reforma	Por aproximadamente 20 anos, o ensino de línguas sofreu uma	Para Howatt (1984), havia três princípios no Movimento da Reforma:

	reviravolta fortemente marcada pela interdisciplinaridade liderada por foneticistas como Viëtor, Passy e Jespersen. Surgiram associações profissionais, como a Associação Internacional de Fonética (IPA), além de publicações que incitavam mudanças educacionais como *The Practical Study of Languages* publicado em 1899 por Sweet e *How to teach a Foreign Language*, por Jespersen, em 1901.	a centralidade do contexto, o destaque do discurso e a necessidade de uma priorização da oralidade nas salas de aula. Marco significativo na história do ensino de línguas, o Movimento da Reforma trouxe cientificidade à área com impulsos oriundos da filologia e da fisiologia da fala.
Período: Fim do século XIX e início do século XX		
O Método da Leitura	Foco na leitura e na escrita uma vez que a proficiência na língua oral não era um objetivo das escolas secundárias dos Estados Unidos. Com os resultados do Coleman Report (1929), o objetivo de ensinar conversação para estudantes universitários foi considerado irrelevante, requerendo que o ensino de línguas se baseasse na aquisição de vocabulário e estruturas gramaticais.	O ensino de gramática era restrito apenas ao necessário para entender os textos escritos, manifestações da cultura e da literatura de um povo.
Período: A partir de 1916		
A Ascensão da Linguística Estrutural	Com a publicação de Curso de Linguística Geral, de Saussure (1916), a Linguística Estrutural ganha força nos Estados Unidos com Bloomfield (1933), dedicado, à época, à descrição de línguas com base no distribucionalismo. Sob essa teoria, cada unidade tem sua distribuição característica, organizando-se não arbitrariamente.	A obra póstuma de Ferdinand de Saussure traz impactos a vários campos de estudos, como a Antropologia e a Teoria Literária. Consequentemente, a Abordagem Estruturalista vindoura também carrega traços fortes da Linguística Estrutural.
Período: A partir de 1945		
O Método Audiolingual	Baseado na Linguística Estrutural (Bloomfield, 1933), na Análise Contrastiva (Fries, 1945) e no Behaviorismo (Pavlov, 1927), surge diante da demanda de aprendizagem de línguas no contexto da Segunda Guerra Mundial. Foco nas habilidades de falar e ouvir.	A aprendizagem acontece por meio da formação de hábitos com repetições, imitações e *drills*[4]. Diálogos artificiais trazem para os aprendizes estruturas e léxico novos. O professor é o centro do método, modelo para os estudantes que o imitam. É como o maestro de uma orquestra (Celce-Murcia, 2001).
Período: 1959		
A teorização aliada à prática	Lado (1957) se dedica ainda ao Método Audiolingual com base no Estruturalismo, o que ainda se nota em sua publicação de 1964. O estudioso considerava que as similaridades entre a língua do aprendiz e a segunda língua facilitariam o processo de aquisição. Ainda que o autor não tenha sido pioneiro nessa consideração, foi o primeiro a propor uma análise sistemática para o estudo contrastivo de línguas. Assim, após descrevê-las nas bases teóricas da Linguística	O propósito da Análise Contrastiva era oferecer suporte para o ensino de línguas, tornando-o mais efetivo. Entretanto, o ensino de segunda língua ainda era relacionado à língua materna do aprendiz e as diferenças entre as línguas seriam causadoras de problemas. Dentre as críticas à Análise Contrastiva está a não materialização de todos os erros previstos por Lado (Larsen-Freeman, 1991).

---

[4] Atividades de repetição com fins de memorização.

A língua portuguesa em contexto internacional: um guia para professores

Período: 1959 O Auge da Abordagem Estruturalista	Estrutural, seria possível compará-las e prever as dificuldades dos aprendizes. Skinner (1957) reforça que a aprendizagem só era possível pela formação de hábitos. Assim, aprender uma L2 seria possível apenas com a substituição de hábitos usados na L1. Base forte na Psicologia Behaviorista (Watson, 1924) e na Linguística Estrutural (Bloomfield, 1933).	Como replicado no Método Audiolingual, reforçam-se as respostas quando adequadas aos estímulos linguísticos. Essa repetição de reforços positivos, há a criação de hábitos. O foco das aulas de língua estaria nas estruturas diferentes da L1 na L2. A Análise Contrastiva (Fries, 1945) afirmava que os materiais mais eficazes seguiriam essa proposta.
Período: 1959 Os Estudos Inatistas	Como uma reação à publicação de Skinner, Chomsky (1957) afirmou haver uma faculdade da linguagem modular e inata, a Gramática Universal, que guiava as crianças no processo de aquisição, explicando a criatividade linguística.	As críticas de Chomsky à publicação de Skinner não se aplicam ao ensino de segunda língua, contudo, o debate impacta o campo de estudos, especialmente, com o conceito de competência, relacionado ao saber linguístico mental, par da dicotomia *competência vs. desempenho*, cunhada por Chomsky.
Período: 1967 A análise do erro	Pioneiro na sistematização dos erros produzidos por aprendizes de segunda língua, Corder (1967) instituiu na Linguística Aplicada um novo campo de estudos. Com a terminologia de Chomsky (1957), Corder considerava que os erros poderiam acontecer tanto na competência, quanto no desempenho.	Na sala de aula, os erros teriam significância para os professores, para os pesquisadores e para os aprendizes. Dessa forma, os *syllabi* deveriam considerar também as necessidades dos alunos e não apenas teorias. Assim, quando o aprendiz cometesse um erro, a tarefa do professor era guiá-lo diante da testagem de hipóteses até que se fosse possível encontrar a forma linguística adequada.
Período: 1970 O Funcionalismo na Linguística	Richards & Rodgers (1986) apontam que o foco em fatores comunicativos e contextuais no uso linguístico tem como antecedente as ideias de Malinowski e Firth, respectivamente, um antropólogo e um linguista. Firth chamava atenção para o papel do discurso e do contexto nas análises linguísticas. Além disso, fatores socioculturais deveriam ser considerados. Tanto Halliday, aluno de Firth, em sua proposta de gramática funcional, quanto Hymes mencionam o papel pioneiro de Malinowski e Firth. No funcionalismo, era interesse da Linguística descrever o discurso por meio dos usos linguísticos, quando suas funções se manifestam. Usar as funções da língua para se expressar e ser entendido requeria ainda que fatores extralinguísticos passassem a ser levados em conta.	Um grande passo para o Comunicativismo no ensino de línguas foi dado por Halliday (1973) com sua proposta de gramática funcional. Para Halliday (1964), há funções da linguagem que acontecem na aquisição de uma primeira língua e podem ser vistas também na aquisição de uma segunda: a instrumental, a regulatória, a interacional, a heurística, a imaginativa e a representativa. Neste momento, na aprendizagem de línguas, o foco passa da estrutura para a comunicação, o que não indicava que a gramática tivesse de ser esquecida. Com sua teoria de funções da linguagem, nota-se uma corroboração com os estudos de competência comunicativa de Hymes em 1972, apesar de o autor ter se recusado a adotar o termo (Howatt, 1984).
Período: 1972		

O conceito de competência comunicativa	Hymes (1972) cunha o termo, mencionado pela primeira vez por ele em 1966 na Universidade de Yeshiva. Ao debater que aprender uma língua vai além do conhecimento linguístico, o estudioso afirma que saber uma língua requer desenvoltura em situações comunicativas concretas. Para isso, ele considerava primordial o desenvolvimento da competência comunicativa, usando este termo para propor uma distinção àquele da dicotomia *competência vs. desempenho* de Chomsky (1957).	Considerado um sociolinguista moderno, Hymes reflete influências de Edward Sapir, que nunca esteve direcionado especificamente ao ensino de línguas, em suas reflexões (Howatt, 1984). Para Hymes (1972) a definição de competência comunicativa era baseada no que o falante deveria saber para agir de forma competente linguisticamente em uma comunidade discursiva. Assim, aquele que adquirisse competência comunicativa teria conhecimento e habilidade para saber se algo é possível, apropriado, concretizado e factível (Richards & Rodgers, 1986).

Período: 1974

O conceito de interlíngua	Em 1972, Selinker definiu interlíngua como aquela produzida pelos aprendizes, capaz de constituir-se como um sistema de regras próprias e/ou uma série de conexões entre sistemas, indicação de progressão no processo de aprendizagem (Mitchell; Myles; Marsden, 2019).	Mitchell, Myles & Marsden (2019) apontam que os estudos sobre interlíngua foram além da Análise de Erros, focando, ineditamente, no sistema linguístico do aprendiz como um todo. Nos dias atuais, o termo ainda é bastante útil às discussões linguísticas.
O papel da motivação na aquisição de L2	Em 1972, Gardner e Lambert sugeriram que a motivação passasse a ter protagonismo no ensino de línguas. Os autores indicaram, à época, que havia duas orientações relativas à motivação na aprendizagem de uma língua: a integrativa e a instrumental.	As definições das orientações de motivação são úteis para entender a aplicabilidade do fator no ensino de línguas. A motivação integrativa está conectada ao interesse de aprender a língua para haver uma conexão com os membros de determinada comunidade linguística. Já a instrumental tem relação com objetivos pragmáticos, não necessariamente ligados à comunicação em uma comunidade específica.
A Etnografia e a comunicação	Gumperz e Hymes publicam uma antologia de artigos intitulada *Directions in sociolinguistics: the ethnography of communication,* que se dedicava ao estudo linguístico baseado em contexto. Os temas da obra incluíam a discussão sobre mudança linguística. Além disso, com *Social meaning in linguistic structures* (Blom & Gumperz, 1972), emerge o termo *mudança de código* na linguística sociocultural.	O trabalho de Bloom e Gumperz (1972) sobre os dialetos falados na Noruega indicava, de certa forma, que a recente pesquisa sobre mudança de código era favorável à distinção reduzida entre línguas e variedades linguísticas.
O Ensino Funcional e Comunicativo de línguas	O ensino de línguas baseado no Comunicativismo foi iniciado nos anos 1960, na Inglaterra, diante da necessidade de quebrar a tradição anterior do ensino situacional. Diante das publicações de Chomsky, linguistas britânicos reforçaram a necessidade de considerar as dimensões funcionais e	O ensino de línguas ganha uma demanda real com as relações intensas entre os países da Europa. Com a proposta de Wilkins (1972), o ensino tradicional restrito a gramática e vocabulário perde espaço para uma abordagem que abraçava os sentidos dos contextos comunicativos de uso

	comunicativas da língua. Estudiosos como Widdowson basearam seus estudos sobre o ensino de línguas na Linguística Funcional britânica, na Sociolinguística americana e na Filologia (Richards & Rodgers, 1986). Em 1972, Wilkins elabora uma definição de língua de cunho funcional e comunicativo, que passa a ser base para a criação de *syllabus* para cursos requeridos no sistema de ensino baseado em créditos.	linguístico. Assim, para o autor, haveria categorias nocionais e comunicativas.
A Sociolinguística Variacionista	Com a publicação de *Sociolinguistic Patterns* em 1972, Labov, fundador da Sociolinguística Variacionista, mostra à sociedade o produto de seus estudos de doutorado, pioneiro na pesquisa sociolinguística. Métodos como entrevistas que proporcionassem um discurso mais casual, a construção de variáveis linguísticas e o mapeamento de sistematicidades sociais na estrutura da língua, e discussões sobre variação e mudança abriram portas para uma nova era na Linguística.	A sociolinguística causa grande impacto no ensino de línguas pela interdisciplinaridade que o campo oferece, especialmente, pela discussão das relações entre língua e sociedade.
Período: 1974 A reconfiguração do papel do erro	Novamente, o erro entra em cena na classificação de Richards (1964), diante das críticas às teorias prévias, que focavam nos fatores externos para a sua ocorrência.	Mais recentemente, Richards & Schmidt (2002) consideram sete categorias de erros: (1) generalização excessiva; (2) simplificação; (3) erros naturais de desenvolvimento linguístico; (4) erros resultantes de estratégias de comunicação; (5) erros de transferência; (6) reformulações para evitar estruturas mais complexas; e (7) produção excessiva de erros usados com muita frequência.
Período: 1976 O Funcionalismo	Com *Notional Syllabies*, Wilkins (1976) aprofundava as ideias debatidas em 1972 na construção de um sistema de créditos. A criação de categorias contribuía para que se oferecessem ao aprendiz um ponto claro de onde começar e o que esperar em um curso de línguas. Assim, categorias semântico-gramaticais passam a ser chamadas de noções por Wilkins.	Para Wilkins (1976), tanto categorias semântico-gramaticais quanto funcionais deveriam ser consideradas na elaboração de um *syllabus*.
Período: 1978 As pesquisas do Conselho da Europa	Entre 1978 e 1981, o Conselho de Pesquisas da Europa trabalhava em seu quarto projeto, dedicado às línguas modernas. Representantes de treze países debatiam o projeto intitulado *Modern Languages: improving and intensifying language learning as factors making for European understanding, co-operation and mobility*.	A posição visionária do projeto teve um impacto direto nos programas de incentivo de formação de professores, que contribuiriam por meio do ensino de línguas como agentes na mobilidade laboral da população.

A Teoria Sociocultural	Décadas depois de seu falecimento, a União Soviética traz ao público geral a Teoria Sociocultural de Vygostky. Com impactos em áreas como a Psicologia, a Educação e a Linguística, as ideias de Vygostky ganham grande dimensão ao descrever o processo de aprender fundamentalmente como social no desenvolvimento da cognição.	Com grande repercussão no desenvolvimento infantil e extremamente discutida no ensino de línguas até hoje, a Teoria Sociocultural considera duas dimensões na interação: a social (interpsicológica) e a mental (intrapsicológica). O conceito de Zona de Desenvolvimento Proximal, quando o estudante tem preparação cognitiva, mas precisa de interação para alcançar o desenvolvimento, é de sumária importância nas discussões de Vygostky. As discussões do hoje intitulado Sociointeracionismo abrangem debates baseados na obra de Vygostky, como aquele sobre andaimes coletivos, uma forma de aprendizagem colaborativa.
Período: 1980 Os diferentes tipos de competência	Canale & Swain (1980) discutem as bases teóricas do conceito de competência e propõem quatro tipos de competência: (1) a gramatical, que indica o domínio do código, (2) a sociolinguística, referente ao conhecimento das regras sociais de uso da língua; (3) a discursiva, relacionada à conexão dos enunciados na formação de um produto com significado; e (4) a estratégica, baseada no uso de estratégias no surgimento de desafios na comunicação.	Com um cunho mais pedagógico para concretizar a ideia inicial de Hymes (1972), Canale & Swain consideram que a competência comunicativa existiria com êxito caso as quatro subcompetências propostas tivessem foco de maneira uniforme no processo de aquisição.
Período: 1981 O Modelo Monitor	Contemporâneo de Chomsky e simpatizante de alguns conceitos gerativistas, Krashen acreditava que qualquer língua pode ser adquirida diante da exposição natural. Para isso, Krashen propôs cinco hipóteses para o Modelo Monitor: (1) a distinção entre aquisição e aprendizagem, respectivamente, inconsciente e consciente; (2) o monitor, relacionado ao monitoramento da produção linguística diante do conhecimento do sistema; (3) a ordem natural, propondo que há uma ordem previsível na aquisição de estruturas gramaticais da língua; (4) o *input*[5] compreensível, em que insumo ideal é aquele representado por i+1 de não compreensível; e (5) o filtro afetivo. Com o filtro afetivo alto, o aluno fica desmotivado, ansioso e sem autoconfiança.	Apesar das críticas ao modelo, as ideias de Krashen trouxeram grandes contribuições ao ensino de línguas, especialmente, na cunhagem de termo. Outros dois conceitos importantes propostos pelo autor são aqueles de contextos de imersão e não imersão, sendo aquele o contexto no qual o aprendiz está inserido nas práticas sociais da língua. Já o contexto de não imersão é aquele em que isso não acontece. Contextos de não imersão precisam de uma conduta pedagógica mais abrangente com contextos culturais autênticos.

---

[5] Em português, insumo. A literatura sobre aquisição de línguas em língua portuguesa usa frequentemente o termo em inglês.

A língua portuguesa em contexto internacional: um guia para professores

Período: 1985 Os Estudos Gerativistas e a aquisição de segunda língua	Começam a surgir estudos de cunho gerativista voltados à aquisição de segunda língua. Flynn (1998) destaca que é com *Second Language Research*, um periódico publicado em 1985, que nasce a conexão entre a teoria de princípios e parâmetros e os estudos sobre bilinguismo e aquisição de segunda língua.	Estudiosos como Clahsen & Muysken (1989) acreditavam que no caso de aquisição de segunda língua, mesmo com a gramática universal, não haveria a possibilidade de reajustar os parâmetros. Outros, como Schwartz & Sprouse (1996), consideram que as características da primeira língua tendem a se sobressair.
Período: 1990 O Modelo de Bachman	Em 1990, Bachman amplia o modelo de Canale & Swain com mais discussões de cunho teórico-prático. Seu modelo inicial abrangia (1) a competência linguística, (2) a competência estratégica, e (3) os mecanismos psicofisiológicos. No ano seguinte, em 1991, Bachman sugere o uso do termo *conhecimento* para substituir competência.	A adoção do termo *conhecimento* de Bachman está conectada à ideia do autor ao considerar, em consonância, a capacidade de saber uma língua, a criação e a interpretação dos fatos em contexto.
Período: 1994 O Método Interativo do Ensino de Línguas	Com a publicação de *Principles of Language and Teaching*, Brown (1994) traz ao mercado do ensino de línguas uma espécie de manual, debatendo princípios, metodologias e bases teóricas do ensino de línguas, incluindo primeira língua. Tópicos contemporâneos ganham voz no livro, ao se abordar, por exemplo, variações cognitivas, estilos individuais e fatores socioculturais no processo de aprendizagem. Tópicos como o Emergentismo e as Teorias Vygotksyana e a Bakhtiniana também têm protagonismo na obra, abrindo portas para uma nova era no ensino de línguas.	O livro de Brown serve até hoje como referência no ensino de línguas pela forma didática e inclusiva como explora as teorias por trás das abordagens de ensino da época. No capítulo 4 dessa obra, o autor antecipa o espírito do atual Método Eclético, considerando que cada professor deve fazer a síntese apropriada das teorias que lhe forem convenientes, de acordo com seu contexto de ensino. Brown encoraja o professor a entender também as muitas faces das variáveis cognitivas para partir do que o aprendiz já conhece, oferecendo a ele apenas o que é necessário.
Período: 1997 Teoria da Complexidade e ensino de segunda língua	Em 1997, Larsen-Freeman publica *Chaos/Complexity Science and Second Language Acquisition*. Ao contrastar as similaridades entre os estudos complexos na física e no ensino de línguas, a autora evidencia a contribuição da Teoria Complexa nas Ciências Humanas. Assim, a desorganização, ou o período de caos, e a organização desses sistemas, como das línguas, é dinâmica, complexa e não linear. A perspectiva complexa traz ao ensino de língua limites mais amplos e interdisciplinares, considerando a participação social e os fatores psicolinguísticos no processo de desenvolvimento linguístico.	A perspectiva complexa tende a tornar o professor mais sensível a variantes de insumo dos vários subsistemas complexos da sala de aula. Essa sensibilidade retoma os conceitos de adaptatividade (às necessidades dos aprendizes, por exemplo), emergência e mudança, também comuns na teoria e bem aplicáveis à prática de ensino de línguas.

Período: 1998 A discussões sobre fonologia e aquisição de segunda língua	Em *Second Language Phonology*, Archibald (1998) explora discussões, majoritariamente gerativistas, no campo da linguística, sobre a produção e a percepção dos sons por aprendizes de segunda língua. Além de um panorama teórico sobre as teorias fonológicas sobre interlíngua, discute-se como os sons são aprendidos, incluindo aspectos da competência fonológica.	A obra de Archibald é um marco no ensino de línguas pelo diálogo com a cientificidade, tão necessário na abordagem fonética e fonológica dos materiais didáticos, que, geralmente, negligenciam o aspecto prosódico das línguas.
Período: 1999 A Hipótese da Interação e teoria sociocultural	Defensor da aquisição promovida pelo insumo compreensível, Ellis (1999) considera o papel da interação crucial na negociação de significados. Suas discussões trazem fortes evidências sobre o papel de protagonismo das interações sociais e intermentais na aquisição de uma segunda língua.	A afirmação de Ellis é endossada por Lightbown and Spada (2006), ao considerarem que a interação é fator obrigatório para a aquisição de uma segunda língua, pois é por meio dela que os falantes realizam estratégias de modificação discursiva para ajudar os aprendizes a continuarem o engajamento em uma situação interativa.

O percurso apresentado é pano de fundo para a existência de quatro abordagens de ensino de línguas: a Abordagem Estruturalista, a Abordagem Comunicativa a Abordagem Sociointeracionista e a recente Abordagem Complexa. Discutir-se-ão a seguir as concepções teóricas dessas abordagens, assim como suas representações em livros didáticos.

3.2 A Abordagem Estruturalista

Com a cunhagem do termo behaviorismo por Watson (1924) e seus desdobramentos na aprendizagem geral, a psicologia traz forte influência ao ensino de línguas com sua corrente de estímulo-resposta, mas é apenas em meados do século XX que essa influência tem uma materialização significante no mercado didático. Nas academias de língua portuguesa, a teoria também recebe o nome de Comportamentalismo. Com base em seus pressupostos teóricos, na Abordagem Estruturalista, o conhecimento é adquirido exclusivamente através de estímulos, que preveem e condicionam respostas.

Materializada fortemente no Método Audiolingual, a Abordagem tem suas bases no Behaviorismo e seu objetivo é partir de situações não concretas para promover a automatização na produção e na compreensão linguística dos aprendizes. O Método Audiolingual refletia o diálogo como uma representação do dia a dia, mas considerando a língua como um conjunto de hábitos que descartava a criatividade dos falantes. Com o ensino de estruturas pequenas, o Método pregava a aprendizagem pela prática de enunciados prontos, também para evitar a produção de erros, vistos, à época, como uma barreira no processo de aprender. Nessa abordagem, comumente vista em materiais didáticos da década de 1950 e 1960, são comuns as técnicas de repetição, memorização e preenchimento de lacunas, já que suas bases teóricas reconhecem a língua como um sistema formado por elementos organizados hierárquica e estruturalmente, como proposto por Bloomfield (1933). A Linguística Estrutural também tem o Behaviorismo em suas bases. Abaixo estão alguns excertos de materiais com base estruturalista:

Título: **Falar... Ler... Escrever... português**
Autoras: Emma Eberlein O. F. Lima & Samira A. Iunes
São Paulo: EPU, 2017 (3.a edição) Página 56

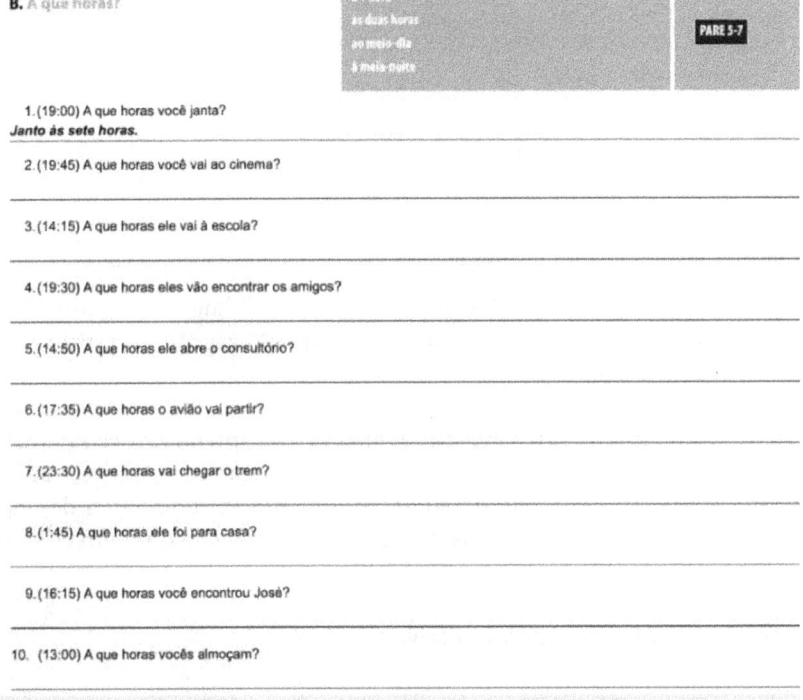

Na atividade acima, em que o foco é fazer com que o aprendiz domine a estrutura referente às horas em português, os enunciados propostos apresentam pouca ou nenhuma ligação com a realidade do usuário do livro, utilizando técnicas de automatização linguística para a memorização de estruturas.

Título: **Gramática Ativa 2**
Autores: Isabel Coimbra & Olga Mata Coimbra/Versão brasileira: Lamartine Bião Oberg & Alice Ferreira Fernandes
Lisboa: Lidel, 2014 (2.a edição) Página 39

Unidade 17

Exercícios

17.1. Combine as frases do **grupo A** com as frases do **grupo B**.

A	B
Se não puser a carne no *freezer*,	pretendo fazer um estágio na Inglaterra.
Se eu passar na prova,	vai ficar com dor de barriga.
Se nós nos levantarmos cedo,	ela vai estragar.
Se não parar de comer chocolate,	terei um novo escritório com vista para o mar.
Se for promovida,	podemos pegar o ônibus das 8h00.

17.2. Ponha os verbos na forma correta.

1. Se eu _____ (ter) tempo, darei um jeitinho para lhe visitar.
2. Eu _____ (ficar) admirado se ela _____ (vir) na hora marcada.
3. Se eu apertar o botão, a porta _____ (abrir-se).
4. Se vocês _____ (chegar) cedo, deem uma ligada para mim.
5. Diga-me se _____ (precisar) de ajuda.
6. Se eu _____ (sentir-se) cansado amanhã, não vou trabalhar.
7. Se eu não _____ (pôr) os óculos, não enxergo bem de longe.
8. Se eu _____ (apressar-se), ainda chego a tempo para ver o jogo.
9. Se _____ (ser) transferido para Manaus, ponho minha casa à venda.
10. Se não _____ (ter) ninguém em casa, deixo a encomenda na portaria.

Os exercícios acima focam na estrutura linguística com itens descontextualizados que buscam oferecer a aprendizagem das estruturas de maneira precisa e concisa.

Na Abordagem Estruturalista, é missão do aprendiz: decodificar os elementos linguísticos para obter os significados, e também fazer o caminho oposto, ainda que de forma descontextualizada. Com uma visão de língua desconectada das práticas sociais, a língua é apresentada como um conjunto de regras.

3.3 A Abordagem Comunicativa

Com as críticas de Chomsky (1957) ao Behaviorismo e à Linguística Estrutural, há uma reconfiguração nos estudos de aquisição de línguas, que logo mais corroboraria o surgimento da Abordagem Comunicativa, ou o Comunicativismo. Até a década de 1980, o auge dessa abordagem, estudiosos como Firth (1957), Halliday (1970), Gumperz (1972) e Hymes (1967) atuaram como agentes para essa transição. Hymes, especialmente, desempenhou um papel crucial na construção de uma nova era no ensino de línguas ao cunhar o termo competência comunicativa em resposta à proposta de competência linguística de Chomsky (1957). Para Hymes (1972), as regras da gramática não têm utilidade sem aquelas de uso linguístico.

Entre a queda do Método Audiolingual e a ascensão da Abordagem Comunicativa, surgiram modelos teóricos para a aquisição de línguas, como o Modelo Monitor de Krashen (1977, 1982 e 1985). Suas bases também vêm das discussões de estudiosos como Wilkins (1976), Widdowson (1978), das contribuições significativas de Canale & Swain (1980), além das pesquisas do Conselho da Europa sobre várias áreas do conhecimento, como a Linguística, a Filosofia da Linguagem, a Pragmática, a Sociolinguística e a Análise do Discurso.

Na prática, o objetivo da Abordagem Comunicativa é capacitar o aprendiz para que ele tenha autonomia em situações comunicativas. Para isso, o ensino de línguas precisa estar mais centrado no significado. Entretanto, ainda é comum, na análise de materiais didáticos, encontrar materiais que se consideram comunicativistas utilizando técnicas de cunho behaviorista. Por outro lado, com uma atitude mais focada no aprendiz e em suas necessidades e estratégias para que se use a língua-alvo em situações reais, há o uso de materiais autênticos tanto no insumo quanto na produção, o que remete também às ideias sociointeracionistas, que serão debatidas na seção seguinte.

Para Richards (2006), a Abordagem Comunicativa se modificou com o passar das décadas, especialmente desde sua implementação massiva nos anos 1990. Para lidar com os contextos diversos, a Abordagem hoje tem um caráter multifacetado, caracterizado pela prática de cada professor. Richards (2006) elenca dez hipóteses que destacam as práticas atuais de ensino de línguas baseadas na Abordagem Comunicativa: (1) a aprendizagem é facilitada por meio de interações e comunicação significativa; (2) é na negociação de significados que os estudantes entendem como a língua é usada; (3) o processamento de conteúdos relevantes, significativos e instigantes geram a comunicação significativa; (4) a comunicação é um processo holístico, que abraça múltiplas habilidades; (5) a aprendizagem é estimulada por atividades que causam descobertas, análise e reflexão; (6) a aprendizagem é um processo gradual que inclui o uso criativo da linguagem, as tentativas e os erros, naturais no processo; (7) cada estudante estabelece sua rota e ritmo de aprendizagem, pois também carregam motivações e necessidades diferentes; (8) um processo de aprendizagem efetivo requer o uso de estratégias de comunicação e aprendizagem também efetivas; (9) o professor é um facilitador na sala de aula; e (10) a sala de aula é uma comunidade onde os membros aprendem por meio da colaboração. Veja alguns excertos de materiais com base comunicativa:

Título: **Muito Prazer – fale o português do Brasil**
Autoras: Gláucia Roberta Rocha Fernandes, Telma de Lurdes São Bento Ferreira & Vera Lúcia Ramos
Barueri: Disal, 2008 (1.a edição)
Página 54

Com a contextualização como asserção fundamental, as autoras proporcionam ao usuário do livro um simulacro de realidade ao mostrar documentos oficiais brasileiros e seus desdobramentos em outras esferas da sociedade, como em bibliotecas. O exercício de vocabulário acima reforça a perspectiva comunicativa no ensino de línguas de que aprender uma língua é aprender a se comunicar.

Título: **Ponto de Encontro – Portuguese as a World Language**
Autoras: Clémence M. C. Jouët-Pastré, Anna M. Klobucka, Maria Luci de Biaji Moreira, Patrícia Isabel Santos Sobral & Amélia P. Hutchinson
Nova Jersey: Pearson/Prentice Hall, 2013
Página 492

13-13 Que sorte! Primeiro passo. Imagine que você e um/a colega ganharam na loteria (B)/lotaria (P). Digam o que vocês fariam com o dinheiro.

ESTUDANTE 1	ESTUDANTE 2
1. ir ao arquipélago de Bazaruto	1. viajar para São Tomé e Príncipe
2. ficar num hotel de luxo em Manaus	2. visitar um parque eólico
3. fazer mergulho em Fernando de Noronha	3. pescar na Guiné-Bissau
4. comprar uma fazenda no Pantanal	4. doar dinheiro para preservar o planeta
5. ...	5. ...

 Segundo passo. Como vocês têm muito dinheiro, vocês decidiram criar uma fundação para promover o desenvolvimento do ecoturismo na Amazônia, para preservar o meio ambiente e melhorar o nível de vida dos habitantes. O que vocês fariam para promover o ecoturismo nas seguintes áreas?

educação   comércio   turismo   ecologia

As autoras dão significado à discussão anterior da unidade sobre o uso de construções condicionais em português com uma atividade relacionada aos contextos da língua portuguesa, convidando o estudante a fazer simulações de uso.

Apesar de não se fundamentar claramente em uma teoria específica, a Abordagem Comunicativa apresenta versatilidade por seu apoio nos estudos funcionalistas e sociointeracionistas, deixando claro que aprender uma língua não é exclusivamente memorizar estruturas descontextualizadas.

3.4 A Abordagem Sociointeracionista

Mesmo que não haja um consenso sobre esta ser ou não uma abordagem de ensino de línguas, pela sua similaridade à nova face da Abordagem Comunicativa, a Abordagem Sociointeracionista, também chamada de Sociointeracionismo ou Interacionismo, será retratada como uma terceira abordagem pelos fundamentos teóricos que a projetam e seus produtos específicos. O Sociointeracionismo se baseia majoritariamente nos estudos de Vygotsky (1896–1934), mas também tem influências de Piaget e Bakhtin. Mesmo sem deixar uma teoria concluída para a aquisição de segunda língua, Vygotsky trouxe uma base para a área com suas discussões sobre o desenvolvimento de sistemas mentais e a habilidade humana de se comunicar com a linguagem. Seu trabalho foi banido na então União Soviética entre 1936 e 1956, o que explica o auge póstumo do autor, que criticou o behaviorismo e até mesmo Piaget, ao assumir que primeiro a aprendizagem é social e, depois, individual. Além disso, o estudioso afirmava que o homem se desenvolve inserido em contextos sociais. Vygostky (1987) também acreditava que a estrutura mental não consistia em algo fechado, criando o conceito de Zona de Desenvolvimento Proximal (ZDP), ou, como adotado por seus sucessores, andaimes coletivos, momento em que processos cognitivos já maturados potencializam o aprendizado de novos processos.

Na Abordagem Sociointeracionista, é fundamental que se considerem os contextos socioculturais dos usos linguísticos para haver interação e, consequentemente, construção de conhecimento. A Abordagem vê o aprendiz como um protagonista e também aborda estruturas linguísticas, mas com contextos e propósitos. As atividades de base sociointeracionista têm foco no fator sociocultural e estimulam o aprendiz a criar estratégias interativas no momento da interação, afastando-se dos moldes da Abordagem Estruturalista e aproximando-se dos construtos da Abordagem Comunicativa, quando, por exemplo, considera o erro como parte do processo de aprendizagem e vê a comunicação como propósito da aprendizagem.

Para Bakhtin (1986), que representa forte influência nas bases teóricas da Abordagem Sociointeracionista, os significados linguísticos são construídos socialmente, assim, a palavra está permeada de sentidos ideológicos. A perspectiva dialógica de Bakhtin está sob a égide da dimensão enunciativa, dialógica e sócio-históricas. Há uma consonância nas perspectivas de Vygotsky e Bakhtin: a aprendizagem deve partir do âmbito social para a esfera individual. É justamente nessa consonância que se notam as bases da Abordagem Sociointeracionista. Veja alguns excertos de materiais com traços sociointeracionistas:

Título: **Mapeando a Língua Portuguesa através das Artes**
Autoras: Clémence M. C. Jouët-Pastré & Patrícia Isabel Santos Sobral
Newburyport, Massachussets: Focus Publishing/R. Pullins Company, 2015
(2.a edição)
Página 36

b. Examine a obra de Sebastião Salgado e identifique uma fotografia que é para você extremamente marcante. Analise a fotografia e crie uma mini-narrativa, um micro-conto por exemplo, em cima daquela fotografia ou um poema. Em outras palavras, una texto à fotografia.

c. Identifique três fotografias de Sebastião Salgado que estão diretamente engajadas com questões sociais.

d. Encontre outro/a fótografo/a que também tira fotografias que se relacionam com questões sociais.

e. Você acha que as fotografias têm o poder de transformar a realidade? Pense numa fotografia que o/a tenha transformado de alguma maneira. Se possível, traga-a para a aula.

f. Já houve algum momento na sua vida em que a emoção foi tanta que você ficou literalmente ou metaforicamente com os olhos inchados de tanto chorar? Foi num lugar? Foi algo que você testemunhou? Foi uma obra de arte? Descreva o momento.

Em uma unidade sobre fotografia, as autoras apresentam fotógrafos de países lusófonos, debatendo problemas sociais e suas representações nas esferas artísticas. A maneira de instigar o aprendiz e conhecer sua percepção sócio-história sobre o tópico evidencia o caráter reflexivo e autêntico da aprendizagem, tão debatido na Abordagem Sociointeracionista.

Título: **Contextos – Curso Intermediário de Português**
Autoras: Denise Santos, Gláucia V. Silva e Viviane Gontijo
Nova Iorque: Routledge, 2019 (1.a edição)
Página 207

> *Em contexto*
>
> 1   Leia e responda. Pesquise sobre o assunto na internet se for necessário.
>
> De acordo com uma psicóloga brasileira, racismo é um conjunto de estereótipos, preconceitos e discriminações baseados na crença que um grupo racial ou étnico é superior ou inferior a outro, em um contexto de dominância social.
>
> Referência: "O racismo à luz de quatro autores 'lusófonos'", http://jornalcultura.sapo.ao/letras/o-racismo-lusofonia. Data de acesso: 10/2/2018.
>
> a   Você concorda com essa definição de racismo? Por quê (não)? Como essa definição poderia ser modificada ou ampliada?
> b   O que você sabe sobre o racismo nos países lusófonos?
> c   Na sua opinião, há diferenças entre o racismo em Angola, no Brasil, em Cabo Verde, em Moçambique e em Portugal? Explique.

Ao debater crimes de discriminação, as autoras levam os aprendizes a conhecerem as faces do racismo nos países lusófonos, trazendo à sala de aula a possibilidade de integrar a dimensão social ao conhecimento linguístico.

Além de agir como um facilitador, o professor que adota essa abordagem assume uma função de agente crítico-reflexivo na sala de aula, observando a dimensão política como uma face fundamental no desenvolvimento linguístico e na construção da identidade dos aprendizes.

3.5 A Abordagem Complexa

Também chamada de Teoria da Complexidade, Abordagem Complexa, Perspectiva da Complexidade ou apenas Complexidade, a Abordagem Complexa se relaciona com outras correntes de pesquisa e pensamento como a Teoria do Caos, os Sistemas Adaptativos/Dinâmicos Complexos e os Sistemas Emergentes. Para Larsen-Freeman & Cameron (2008), um sistema complexo é caracterizado pelo comportamento resultante da interação das suas partes. Apesar de ter um início não dedicado ao ensino de línguas, mas, sim, à Física Quântica, a percepção de ter a interação e o dinamismo como ponto central na teoria a deixa perfeitamente cabível para o ensino de línguas.

Segundo Larsen-Freeman (1997, 2015), Larsen-Freeman & Cameron (2008), Van Lier (2004), os sistemas complexos são heterogêneos, dinâmicos, não lineares, abertos, emergentes e auto-organizados. As facetas imprevisíveis da aula de línguas, suas atividades complexas e múltiplas variantes individuais são fortes indícios da complexidade no ensino de línguas. Para Kramsch (2012), a teoria da complexidade já representa um campo de estudos pela postura de observar os fatores cognitivos, sociais, culturais, históricos e estéticos das línguas. Larsen-Freeman (2015) considera necessária uma terminologia diferenciada para estudos sob a ótica da complexidade. São termos que dão uma noção de não linearidade e encerramento, como:

aquisição → desenvolvimento, emergência ou aprendizagem

insumo → propicipamento
(*input*)   (*affordance*)

Há outras compatibilidades entre a Teoria da Complexidade e o ensino de línguas, por exemplo: pequenas mudanças no sistema podem gerar consequências significativas ou mínimas, há fatores previsíveis e imprevisíveis para a concretização do desenvolvimento linguístico, além de esse poder acontecer em lugares não específicos (Van Lier, 2004), não havendo uma sala de aula como fator obrigatório no processo. Sendo essa abordagem a mais atual no ensino de línguas, ainda há muitos territórios a se descobrir. Contudo, já é perceptível que sua aplicabilidade pode ser bastante benéfica ao âmbito do desenvolvimento curricular. Para conhecer métodos e atividades que evidenciem a concretude da Abordagem Complexa, visite o Capítulo 5, em que se discutirá sua adoção com exemplos de preparação de cursos de português.

3.6 Que abordagem escolher?

Após viajar pelo caminho do ensino de línguas, resta uma questão: que abordagem é ideal? É adequado usar materiais baseados na Abordagem Estruturalista? Os estudantes vão ser sempre engajados em causas sociais para que se adote a Abordagem Sociointeracionista? Esse jogo de certo e errado não é vantajoso. Leffa (1988) aponta que há um maniqueísmo pedagógico no ensino de línguas, com oposições fortes a abordagens e métodos anteriores, havendo uma tendência de responsabilizá-los pelo insucesso no ensino-aprendizagem.

Diante das múltiplas variantes e estilos ao aprender e ensinar, um ecletismo por parte do professor é mais efetivo e inclusivo. Larsen-Freeman (2003) e Brown (2001) sugerem o Método Eclético para a condução de uma prática coerente, diversa e guiada por pressupostos teóricos. Somente a pluralidade de abordagens, métodos e técnicas, tendo em consideração variáveis como motivação, necessidades, cognição, fatores emocionais e socioculturais, podem trazer protagonismo ao desenvolvimento linguístico dos aprendizes.

Referências
Anthony, E. M. *Approach, Method, and Technique*. In: ELT Journal, v. 17, n. 2, pp. 63-67, 1963.
Archibald, J. *Second Language Phonology*. Amsterdã: John Benjamins, 1998.
Bachman, L. F. *Fundamental Considerations in Language Testing*. Oxford: Oxford University Press, 1990.
Bakhtin, M. *Marxismo e filosofia da linguagem: problemas fundamentais do método sociológico da linguagem*. Tradução de Michel Lahud e Yara Frateschi Vieira. São Paulo: Hucitec, 2006.
Blom, J.; Gumperz, J. *Social Meaning in Linguistic Structures: Code Switching in Northern Norway*. In: Gumperz, J.; Hymes, D (eds.): Directions in Sociolinguistics: The Ethnography of Communication, pp. 407-434. Nova Iorque: Holt, Rinehart, and Winston, 1972.
Brown, H. D. *Principles of Language Learning and Teaching*. Upper Saddle River: Prentice Hall, 1994.
_____. *Teaching by Principles an Interactive Approach to Language Pedagogy*. Nova Iorque: Longman, 2001.
Canale, M.; Swain, M. Theoretical bases of communicative approaches to second language teaching and testing. In: *Applied Linguistics*, 1(1), 1980.
Celce-Murcia, M. *Teaching English as a Second or Foreign Language*. Boston: Heinle & Heinle Publisher, 2001.
Chomsky, N. *Syntactic Structures*. The Hague: Mouton, 1957.
Coimbra, I.; Coimbra, O. M. *Gramática Ativa 2*. Versão brasileira: Oberg, L. B.; Fernandes, A. F. Lisboa: Lidel, 2014.
Clahsen H.; Muysken. *The UG paradox in L2 acquisition*. Second Language Research, n. 5, pp. 1-29, 1989.
Corder, S. P. The significance of learner's erros. International Review of Applied Linguistics, n. 5, pp. 161-169, 1967.
Eberlein; E. O. F.; Iunes, S. A. *Falar... Ler... Escrever... português*. São Paulo: EPU, 2017.

Fernandes; G. R. R; Ferreira; T. L. S. B; Ramos, V. L. *Muito Prazer – fale o português do Brasil*. Barueri: Disal, 2008.

Firth, J. R. *A synopsis of linguistic theory 1930–1955*. In: Studies in linguistic analysis, 1–32. Oxford: Blackwell, 1957.

Flynn, S. *A parameter-setting model of L2 acquisition*. Dordrecht: Reidel, 1988.

Fries, C. *Teaching and Learning English as a Foreign Language*. Ann Arbor: University of Michigan Press, 1945.

Gardner R.C.; Lambert, W. E. *Attitudes and Motivation in Second Language Learning*. Rowley: Newbury House Publishers, 1972.

Gumperz, J. J.; Hymes, D. *Directions in sociolinguistics: the ethnography of communication*. Nova Iorque: Holto, Rinehart & Winston, 1972.

Halliday, M.A.K. *Language Structure and Language Function*. In Lyons, J., Ed., New Horizons in Linguistics, Penguin, Harmondsworth, pp. 140-165, 1970.

Halliday, M. A. K.., McIntosh A; Strevens, P. *The Linguistic Sciences and Language Teaching*. London: Longman, 1964.

Halliday, M. A. K. *Exporations in the Functions of Language*. London: Edward Arnold, 1973.

Hymes, D. *On Communicative Competence*. In: J. B. Pride, John B.; Holmes, Janet (eds.). Sociolinguistics. Selected Readings. Harmondsworth: Penguin, 1972.

_____. *Models of the interaction of language and social setting*. In: J. J. Gumperz & D. Hymes (eds.) Directions in sociolinguistics: The ethnography of communication. Nova Iorque: Holt, Rinehart & Winston, pp. 35-71, 1972.

Howatt, A. P. R. A history of English language teaching. Oxford: Oxford University Press, 1984.

Jouët-Pastré, C. M. C; Sobral, P. I. S. *Mapeando a Língua Portuguesa através das Artes*. Newburyport, Massachussets: Focus Publishing/R. Pullins Company, 2015.

Jouët-Pastré, C. M. C.; Klobucka, A. M. Moreira, M. L. B, Sobral, P. I. S; Hutchinson, A. P. *Ponto de Encontro - Portuguese as a World Language*. Nova Jersey: Pearson/Prentice Hall, 2013.

Kramsch, C. Why is everybody so excited about complexity theory in applied linguistics? Mélanges CRAPEL, n. 33, 2012.

Krashen, S. *The Input Hypothesis: Issues and Implications*. Harlow: Longman, 1985.

_____. *Principles and Practice in Second Language Acquisition*. Oxford: Pergamon

Press, 1982.

_____. *Second Language Acquisition and Second Language Learning*. Oxford: Pergamon Press, 1981.

_____ Some issues relating to the Monitor Model. In: H. D. Brown, C. Yorio and R. Crymes (eds.) On TESOL '77: Teaching and Learning English as a Second Language: Trends in Research and Practice. Washington: TESOL, pp. 144-158, 1977.

Lado, R. 1957. *Linguistics Across Cultures: Applied Linguistics for Language Teachers*. Ann Harbor: University of Michigan Press, 1957.

Larsen-Freeman, D. *Complexity theory*. In: B. VanPatten and J. Williams (eds.), *Theories in Second Language Acquisition*. 2nd edition. Routledge, pp. 227-244, 2015.

_____. *Techniques and principles in language teaching*, 3ª· ed. Oxford: Oxford University Press, 2011.

_____. *Techniques and principles in language teaching*. Oxford: Oxford University Press, 2000.

_____. *The changing conception of language and its implications for language education and research*. In? B. Bartlett, F. Breyer, and D. Roebuck (eds.), Reimaging Practice; Researching Change, v. 1. Brisbane: Griffith University, 2003.

_____. *Chaos/Complexity Science and Second Language Acquisition*. Applied Linguistics, v. 18, n. 2. pp. 141-165. Oxford: Oxford University Press, 1997.

_____. *Second language acquisition research: Staking out the territory*. TESOL Quarterly, n. 25, pp. 315–350, 1991.

Larsen-Freeman, D.; Cameron, L. *Complex systems and applied linguistics*. Oxford: Oxford University Press, 2008.

Leffa, V. J. *Metodologia do ensino de línguas*. Florianópolis: Editora da Universidade Federal de Santa Catarina, 1988.

Messias, R. A. L.; Norte, M. B. *Abordagens, métodos e perspectivas sóciointeracionistas no ensino de LE*. In: Rede São Paulo de Formação Docente. UNESP, 2011.

Mitchell, R.; Myles, F.; Marsden, E. Second Language Learning Theories. Nova Iorque: Routledge, 2019

Pavlov, I. *Conditioned reflexes: an investigation of the physiological activity of the cerebral cortex*. Oxford: Oxford University Press, 1927.

Richards, J. C. *Language Teaching Today*. Nova Iorque: Cambridge University Press, 2006.

Richards, J. C.; Rodgers, T. S. *Approaches and Methods in Language Teaching*.

Cambridge: Cambridge University Press, 1986.

Richards. J. C.; Schmidt, R. W (eds). Language and Communication. Nova Iorque: Routledge, 2002.

Santos, D.; Silva, G. V.; Gontijo, V. *Contextos - Curso Intermediário de Português*. Nova Iorque: Routledge, 2019.

Searle, J. R. *Speech acts: an essay in the philosophy of language*. Cambridge: CUP, 1969.

Selinker, L. *Interlanguage*. International Review of Applied Linguistics, n. 10, pp. 219-231, 1972.

Schwartz, B. D. & Sprouse, R. *L2 cognitive states and the full transfer/full access model*. Second Language Research, 12: 40-72, 1996.

Skinner, B.F. *Verbal Behavior*. Nova Iorque: Appleton-Century-Corfts, 1957.

Stern, H. H. *Fundamental Concepts of Language Teaching*. Oxford: Oxford University Press, 1983.

Lier, V. *The ecology and semiotics of language learning: A sociocultural perspective*. Boston: Kluwer Academic, 2004.

Vygotsky, L. S. *Pensamento e Linguagem*. São Paulo, Martins Fontes, 1987.

_____. *A Formação Social da Mente* São Paulo: Martins Fontes, 1984.

_____. *Mind in Society*. Cambridge: Harvard University Press, 1978.

Watson, J. *Behaviorism*. Nova Iorque, Norton, 1924.

Wilkins, D. *Notional syllabies*. Oxford: Oxford University Press, 1976.

Wilkins, D. A. *The linguistic and situational content of the common core in a unit/credit system*. Ms. Strasbourg: Council of Europe, 1972.

CAPÍTULO 4
A SELEÇÃO E A ELABORAÇÃO
DE MATERIAIS DIDÁTICOS

O mercado didático da lusofonia tem ganhado dimensões impactantes desde a última década e, apesar de o professor de PLA e PLH ter a iminente necessidade de elaborar materiais, é preciso mapear a produção didática da área para identificar o que já foi feito e reconhecer as abordagens de ensino por trás dessas obras, especialmente para que o professor seja autônomo, crítico e reflexivo em sua prática e produção posterior. Duas perguntas serão debatidas: (1) que fatores o professor de português deve considerar ao selecionar seus materiais didáticos? e (2) por que o professor de português é também um protagonista na elaboração desses materiais?

No apêndice deste capítulo, há uma lista com 121 livros didáticos e paradidáticos de PLA e PLH, junto a uma breve análise de suas abordagens de ensino, públicos-alvos, anos de publicação e disponibilização de materiais de apoio. A lista é resultado de um levantamento de dados em editoras, grupos de professores on-line, livrarias e bibliotecas. Certamente, muitos materiais não foram descritos no apêndice, dada a expressividade e a autonomia da produção de livros didáticos de PLA e PLH no globo. Apesar da listagem de um número significativo de obras, ao se comparar as produções da lusofonia com aquelas de outras línguas como o espanhol, o inglês e o francês, o mercado didático da área ainda apresenta timidez. Apenas um número pequeno dessas publicações reconhece o português como língua pluricêntrica.

4.1 O papel do livro didático na aula de PLA e PLH

No que concerne aos livros didáticos, há diferentes concepções pelos estudiosos da área. Carvalho (2008), identifica-os como manifestações culturais, considerando indissociável o ensino de línguas do fator cultural. Para Auroux (1992), o livro didático é produto não apenas cultural, mas de instrumentalização e gramatização, encontrando seu lugar na tríade cultura, publicação editorial e sociedade. Gomes de Matos (2007) observa os materiais didáticos como criações pedagógicas de natureza pluri e interdisciplinar. Nesta obra, observa-se o termo guarda-chuva materiais didáticos para abranger quaisquer produções que apresentem funcionalidades pedagógicas, dentre elas, livros didáticos, paradidáticos, materiais autênticos e textos literários. Para isso, apesar de se reconhecer o papel fundamental da cultura no ensino de línguas, será adotada uma postura mais compatível com os usos transidiomáticos do português (Moita-Lopes, 2013), considerando a fluidez das identidades dos aprendizes, sua hibridização cultural, a desterritorialização e pluricentrismo da língua portuguesa.

Os livros didáticos desempenham um papel-chave nos cursos de língua. Principais fontes de insumo, professores frequentemente organizam seus syllabi seguindo a organização das obras. Há vários lados a serem agradados: muitas vezes, a instituição de ensino, o aprendiz, que investiu no livro, e, por vezes, a própria crença do professor de que seguir fielmente a sequência didática do livro é o caminho mais adequado, afinal, as obras passam (ou deveriam passar) por um crivo rigoroso para saírem ao mercado editorial. A seleção de materiais requer uma análise criteriosa, envolvendo questões como:

1. Quem são os autores dos livros didáticos? Quais são seus percursos acadêmico-profissionais?
2. Qual é a formação linguística dos autores do livro didático?
3. Em que contextos geopolítico e sócio-histórico a obra foi publicada?
4. O livro apresenta estereótipos? De que forma?
5. A obra abre caminhos para o desenvolvimento da competência intercultural ?
6. Que abordagens de ensino há por trás das atividades propostas? Elas são compatíveis com a minha prática?
7. Qual é o público-alvo do livro? Terei flexibilidade em turmas mistas?
8. Diante das necessidades da Comunicação Mediada por Computadores (CMC) e o perfil dos meus estudantes, é importante que este livro apresente uma plataforma digital?
9. Qual é a terminologia utilizada no tratamento da forma?
10. Como o livro apresenta as variedades linguísticas do português?
11. O livro didático oferece protagonismo aos estudantes?
12. O corpo discente dispõe de recursos financeiros para adquirir os materiais?
13. O livro é atrativo para o público-alvo? Como é a organização multimodal dos textos?

Ainda que o material didático apresente respostas satisfatórias ao professor diante das perguntas acima, ou de outras que lhe convier, é fundamental lembrar que, apesar de ser, na maioria das vezes, a fonte primária de um curso, o livro não deve trazer completude ao professor e ao aluno. Para ambos, o livro representa papéis distintos, porém, orientadores:

Para o professor, o livro	Para o aluno, o livro
1. age como formador na ausência de uma formação inicial ou de formações continuadas; 2. orienta a organização das aulas; 3. contribui para a delimitação dos objetivos do curso; 4. guia a seleção de materiais adjacentes às demandas dos estudantes; 5. respalda as discussões focadas na forma.	a) é uma significativa forma de contato com a língua fora da sala de aula; b) contribui para a autoavaliação no desenvolvimento linguístico, oferecendo-lhe autonomia para o alcance de objetivos específicos; d) leva-o a conhecer as relações de poder nas sociedades estudadas; e) ajuda-o a identificar suas múltiplas inteligências[6] (Gardner, 2006), ao reconhecer inclinações a atividades específicas.

Quadro 5: Os papéis do livro didático

A adoção de um livro didático não é premissa básica para o desenvolvimento de um curso. Richards (2001, p. 1), equipara fatores positivos e negativos na adoção de livros didáticos. Abaixo, adaptou-se sua discussão para a realidade da língua portuguesa:

Vantagens	Desvantagens
a) A estrutura oferecida para a criação de *syllabus* para os cursos de língua; b) O alinhamento do ensino para alcance linguístico similar entre diferentes turmas; c) A qualidade do material, frequentemente avaliado por especialistas na área;	a) A desconsideração, na maioria das vezes, do pluricentrismo da língua portuguesa e de suas variedades linguísticas; b) A representação idealizada da realidade nos países de língua portuguesa, evitando tópicos sociais relevantes ao se retratar

---

[6] Desde 1983, a Teoria de Inteligências Múltiplas de Gardner coloca em xeque testes antigos, como os de QI, e currículos educacionais, ao afirmar que os seres humanos têm entre sete e dez aptidões: a linguística, a lógico-matemática, a espacial, a físico-sinestésica, a musical, a interpessoal, a intrapessoal, a naturalística e a existencial. Dessa forma, como os humanos apresentam múltiplos talentos específicos, as práticas de ensino generalizadas prejudicam o desenvolvimento de aptidões individuais.

d) A variedade de recursos de apoio considerando a CMC; e) A otimização do tempo do professor; f) A disponibilização de modelos linguísticos, dando suporte aos professores cuja primeira língua não é o português; g) A formação de professores, oferecida também em forma de manuais que acompanham os livros; h) A multimodalidade na contemporaneidade, convidativa tanto para os professores, quanto para os aprendizes.	apenas a realidade da classe média; c) A generalização das necessidades dos aprendizes; d) A negligenciação do papel de agente-mediador do professor, reduzindo-o a um apresentador do livro; e) Os custos altos, impedindo o acesso da aprendizagem formal a estudantes com menos recursos.

Quadro 6: Fatores positivos e negativos na adoção de livros didáticos. Fonte: adaptação de Richards (2001, p. 1)

Ainda que o material abrace uma grande quantidade de diferenciais, sendo parcialmente adequado para um grupo, mesmo turmas homogêneas, considerando as línguas faladas pelos aprendizes, são heterogêneas em algum ponto. Desse modo, uma aula de sucesso requer o uso de materiais de apoio, frequentemente, produzidos ou selecionados pelo professor de acordo com as demandas dos aprendizes. Se o professor tem a percepção de que o material supre totalmente as necessidades de um grupo ou de um estudante, não há o reconhecimento da autonomia e da diversidade dos aprendizes no desenvolvimento da língua.

4.2 O protagonismo do professor de PLA e PLH na elaboração de materiais didáticos

Diante do abismo entre a Linguística, a Linguística Aplicada e elaboração de materiais de ensino de PLA e PLH, chama-se a atenção para a criação de um diálogo maior entre as áreas, de modo que as produções reflitam as pesquisas com a cientificidade necessária ao mercado editorial. Em entrevista a Gomes de Matos (2007) para o trabalho Influências da Linguística e materiais didáticos para o Ensino de Português: uma perspectiva brasileira, Eunice Ribeiro Henriques, professora e pesquisadora de PLA, afirma ser necessária a pesquisa e a teoria para a constituição de um bom livro didático de PLA, que ainda deve ser um produto de experiências, de coleta/análise de dados e sua aplicação.

Na figura abaixo, descreve-se um ciclo para um diálogo significativo entre Linguística/Linguística Aplicada e a seleção de materiais de PLA e PLH:

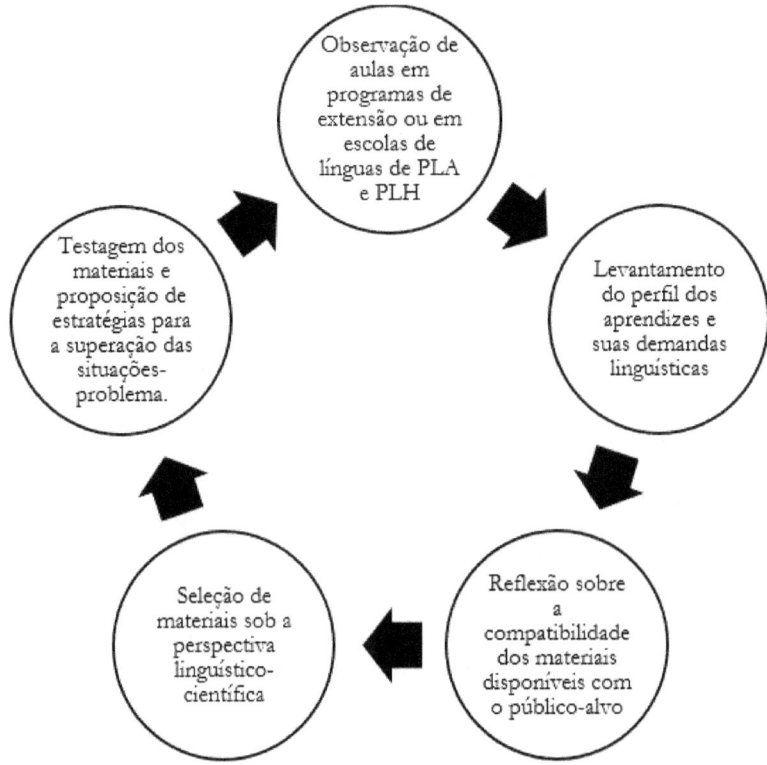

Figura 1: O processo de seleção de materiais de PLA e PLH

A experiência é fator fundamental na elaboração e na seleção de materiais didáticos, por isso, todo professor tem lacunas na prática, especialmente no começo da carreira. Para adquirir essa experiência, observar aulas de outros colegas é crucial. Já para o professor experiente, um caminho assertivo é pedir que suas aulas também sejam observadas ou constantemente avaliadas pelos próprios alunos. Essa troca de feedback fortalece o senso de comunidade da sala de aula, permite que os estudantes tenham protagonismo na escolha dos tópicos debatidos, dá espaço para o reconhecimento das múltiplas inteligências e ajuda o professor a refletir sobre a escolha de métodos e sua adequação para o grupo. Questionários breves, aplicados com certa frequência, podem ser eficazes. Observe a proposta:

Avaliação de curso Estudante: Professor(a): Data:	Dê uma nota para os materiais que o professor ou a professora usa nas suas aulas (0 = não satisfatório/10 = excelente).	Que contribuições as aulas de português trouxeram à sua vida até o momento?	Há algo na estrutura dos materiais que poderia ser adaptado para você aprender melhor? O que você sugere ao professor ou à professora?
Como você tem se sentido ao usar os materiais fora das aulas? 1. Estou totalmente perdido(a). 2. Eu me sinto perdido(a) às vezes. 3. Os materiais estão adequados para mim. 4. Os materiais são muito fáceis, gostaria de ser mais desafiado(a).	Você vem preparado(a) para a aula? Que recursos você usa para isso? Explique sua resposta.	Que tipos de textos (orais e escritos) você gostaria de explorar nos materiais do curso?	Que atividades você mais gosta de fazer neste curso? Que atividades gostaria de evitar (por exemplo, ouvir notícias, debater em pares, atividades de preenchimento de lacunas, exercícios de encenação...)?

Quadro 7: Proposta de questionário para avaliação de materiais didáticos e prática docente a partir da perspectiva dos aprendizes

O uso de questionários permite também que o professor ofereça atividades diferentes mesmo em aulas em grupo, respeitando a diversidade etnolinguística e as preferências de aprender dos estudantes. A depender da abordagem de ensino adotada pelo professor, lembrando que uma metodologia eclética é a base para um desenvolvimento linguístico plural, a seleção de textos autênticos, prática congruente às abordagens comunicativa e sociointeracionista, revela, na contemporaneidade, a forma mais efetiva de contextualizar as comunidades linguísticas para os aprendizes. São textos autênticos aqueles produzidos por membros de uma comunidade linguístico-cultural para membros do mesmo grupo (Galloway, 1998)[7]. Por meio dos textos autênticos, não elaborados para fins didáticos, o aprendiz tem acesso a exemplos reais da língua em situações cotidianas, diferentemente dos textos criados para fins didáticos, também chamados de textos de criação (Richards, 2001). Por não apresentarem uma aprendizagem mais simples, facilitada e haver um questionamento sobre o que realmente é autêntico, há

---

[7] Na versão original, um texto autêntico é "written by members of a language and culture group for members of the same language and culture group" (Galloway, 1998, p. 133).

controvérsias sobre o uso de textos autênticos para o ensino de línguas (Widdowson, 1984, 2000; Ellis, 1999).

O desenho das produções didáticas mais atuais traz uma fluidez entre os dois eixos, o autêntico e o de criação, pois os materiais têm cada vez mais incorporado textos autênticos e recursos do mundo real às suas estruturas, construídas com fins didáticos. Além de serem mais atrativos, contextualizadores e provocativos, os textos autênticos provam que os usos da língua são reais e integram diferentes sociedades, oferecendo suas perspectivas socioculturais sobre determinado tópico. Os textos autênticos estão representados nos inúmeros gêneros textuais (notícias, bilhetes, postagens, mensagens de texto...), meios de composição e exposição do discurso em forma de texto (Marcuschi, 2008).

Sob a ótica sociointeracionista, Marcuschi (2008) observa o texto como produto concreto do discurso, revelando as variações das formas linguísticas. Já o discurso, para o autor, consiste na noção socioideológica dos enunciadores ali revelada. Considerando que os gêneros flutuam entre fala e escrita, o autor propõe um contínuo entre as duas, em que gêneros como notícias televisivas, por exemplo, oscilariam em uma posição mais central. Na escolha de textos autênticos, é importante que o professor:

1. Parta do conhecimento prévio dos estudantes, oferecendo breves atividades-diagnóstico antes da seleção do material;
2. Considere a faixa etária dos aprendizes;
3. Conheça o contexto sócio-histórico do material;
4. Adapte as atividades em que o texto é o insumo às competências dos estudantes, oferecendo tarefas diferenciadas de acordo com seus perfis;
5. Demonstre, desde o início, o propósito para a abordagem do tópico debatido no texto;
6. Proponha tarefas autênticas, com desdobramentos reais para os aprendizes e não para mera prática da língua (Tomlinson, 2012).

Apesar da relevância dos textos autênticos, deve-se lembrar que, muitas vezes, os estilos de aprendizagem dos alunos e a lacuna de proficiência em um tópico específico em suas línguas maternas podem requerer atividades ou a utilização de textos de criação para aperfeiçoar habilidades linguísticas específicas e aprofundar tópicos gramaticais, lexicais ou de outra natureza. Uma prática eclética que incorpore múltiplos métodos, pautada na experiência e nas teorias linguísticas é, sem dúvidas, a mais eficaz. Assim, não reforçar um maniqueísmo no ensino de línguas (Leffa, 1988) é fundamental para o sucesso na produção e circulação de materiais. Apresenta-se, com base na proposta de Jolly e Bolitho (2011) e em consonância com a Figura 1, sobre o ciclo de seleção de materiais, sete passos para a sua elaboração:

1. Identificação de um problema ou necessidade linguística;
2. Exploração do problema por parte do professor (utilizando gramáticas, corpus, pesquisas acadêmicas, livros didáticos, relatos de observação e reflexão de aulas...);
3. Seleção de um contexto para se trabalhar o problema, preferencialmente, autêntico[8];
4. Planejamento de exercícios e atividades com instruções adequadas à proficiência e à preferência dos estudantes;
5. Produção do material de maneira bem-apresentada, autoguiável e atrativa;
6. Uso e avaliação do material por parte do professor (autorreflexão) e dos alunos pelas fichas de feedback[9].

A experiência e o diálogo com as pesquisas da Linguística ou da Linguística Aplicada podem trazer independência e autonomia ao professor, contribuindo para que se elaborem materiais, não havendo, necessariamente, a adoção de um livro didático específico. Conforme Grannier (2013), o professor de PLA, além de ser um conhecedor da língua portuguesa, do processo de aquisição e das abordagens de ensino de L2, precisa ser sensível à identificação de diferentes situações de ensino-aprendizagem. O professor de PLA e PLH é, assim, fundamentalmente, um elaborador de materiais didáticos.

4.3 O lugar da variação linguística nos livros didáticos de PLA e PLH

Dentre as perguntas sugeridas como critério para a seleção de livros neste capítulo, está:

Como o livro apresenta as variedades linguísticas do português?

Desde a criação do termo *sociolinguística* na Universidade da Califórnia, Los Angeles (UCLA), em 1964, e dos precursores estudos de Labov (cf. Linha do Tempo do Capítulo 3), para quem a variação acontece em todas as línguas humanas, na fala de uma comunidade e até mesmo na fala individual, é na sociolinguística que se encontram as bases para o reconhecimento da heterogeneidade social e suas diversas realidades linguísticas, já que a língua é uma atividade social, um esforço coletivo (Bagno, 2007).

Variação é "a língua em seu estado permanente de transformação, de

---

[8] Grifo da autora.
[9] Grifo da autora. Modelo disponível no Quadro 7.

fluidez e de instabilidade" (Bagno 2007, p. 38). Ela pode ser *diatópica,* por posição geográfica, como "lapiseira" e "grafite"; *diastrática,* por classes sociais, como a concordância de número e pessoa dos verbos em "nós compramos" e "nós compra"; *diacrônica*, pelo passar do tempo, como "cousa" e "coisa"; *diamésica,* pela distinção entre língua falada e língua escrita, como em "vê-lo" e "ver ele"; e *diafásica,* por adequação situacional, como "está" e "tá". Variação e mudança, fenômeno que acontece quando uma variante[10] toma o lugar de outra, são processos interligados (Santana, 2016).

Apesar dos poucos estudos na área da sociolinguística relacionada ao ensino de PLA e PLH, no Brasil, há pesquisas expressivas realizadas em universidades cujos programas de pós-graduação em linguística têm ênfase nas especialidades, como a Universidade de Brasília (UnB), onde foi realizado o primeiro estudo com foco na área, publicado por Carvalho em 2002, intitulado *Variação Linguística e Ensino – Uma análise dos livros didáticos de PSL.* Na mesma universidade, também foram produzidos *Reflexões sobre o lugar da Variação Linguística no Ensino de Português como Segunda Língua,* por Dettoni (2010), e *Variação Linguística no ensino de Português Brasileiro como Língua Estrangeira: pronomes objeto direto de 3.ª pessoa,* dissertação de mestrado de Coutinho (2016) sob orientação de Carvalho. No mesmo ano, na Universidade Estadual de São Paulo (Unesp), Santana defendeu a dissertação intitulada *A Variação Pronominal Tu/Você e Nós/A gente em Livros Didáticos de Português como Língua Estrangeira.*

Dettoni (2010) indica que o professor de PLA deve focar nas variações diamésica e diafásica na aula, mas ressalta que é preciso promover uma conscientização acerca da variação diastrática para que se reflita sobre a realidade sociocultural. São quatro os parâmetros sugeridos por Dettoni (2010) para o tratamento da variação linguística na aula de PLA:

1. Priorização de usos linguísticos mais similares à variedade de falantes escolarizados;
2. Diminuição de foco em formas e construções linguísticas estigmatizadas;
3. Seleção de estruturas variáveis para uma representação de fenômenos linguísticos mais gerais nas variedades urbanas;
4. Propiciamento de construções linguísticas que reflitam usos reais da língua.

Coutinho (2016) vai ao encontro dos parâmetros de Dettoni (2016) ao sugerir que o professor sistematize as variações de forma mais genérica quando o público-alvo também o for. Para isso, a exploração de gêneros textuais é necessária, já que neles é possível encontrar fenômenos de variação em textos autênticos de diversos domínios discursivos, sejam eles formais ou

---

[10] Na sociolinguística, é um termo usado para indicar um sistema de expressão linguística com uso dependente de variáveis, unidades linguísticas sujeitas a variação ou mudança a longo prazo (Crystal, 2000).

informais.

Para responder às perguntas iniciais desta seção, sugere-se, na escolha e na elaboração dos materiais didáticos, que o professor:
1. Tome conhecimento dos interesses dos alunos sobre que variedades de português desejam explorar, nos sentidos nacional e internacional;
2. Apresente, de maneira mais genérica, variedades de diferentes níveis linguísticos (fonético, morfológico, sintático, semântico e pragmático) de comunidades de língua portuguesa diferentes daquela onde o aprendiz está imerso ou tem intenção de explorar, evidenciando a diversidade da língua e a não existência da supremacia de uma variedade em detrimento de outra;
3. Discuta reflexivamente o pluricentrismo da língua portuguesa, considerando a história de países de independência recente, onde o português é falado apenas pelas classes escolarizadas e ainda há certo ressentimento histórico-linguístico nas comunidades;
4. Conscientize os alunos sobre o estigma das variedades desprestigiadas[11] em suas comunidades de origem, debatendo o preconceito linguístico partindo do Eu para o Outro (Bakhtin, 2006);
5. Selecione textos autênticos, atrativos e contextualizados para a exposição das variedades linguísticas;
6. Crie produtos significativos na aprendizagem, trabalhando com atividades como a criação de *podcasts*, glossários de contação de histórias, dentre outros, para evidenciando o valor das histórias orais.

Para a concretização desses critérios, são exemplos de recursos:
- O Vocabulário Ortográfico da Língua Portuguesa (VOC), uma iniciativa do IILP;
- A plataforma Portal do Professor de Português como Língua Estrangeira (PPLE), também do IILP, com suas unidades didáticas relacionadas às comunidades lusófonas;
- O documentário *Língua: vidas em português,* lançado em 2004 e dirigido por Victor Lopes;
- A interpretação de *O paraíso são os outros*, de Valter Hugo Mãe, na Série Sotaques, produzida pela Editora Porto, em 2017.

Sob a ótica do pluricentrismo, ainda que em contexto de imersão no ensino de PLA, é fundamental apresentar amostras de outras variedades de português aos aprendizes, de modo que reconheçam que a diversidade linguística dos países de língua portuguesa e se engajem em propósitos linguísticos que vão além dos contextos formais de aprendizagem,

---

[11] Bagno (2007) aponta que a denominação de uma norma como culta infere que a outra norma seja inculta, por isso, sugere a adoção dos termos *variedades prestigiadas* e *variedades estigmatizadas.* Sob essa perspectiva, recomenda-se a adoção desses termos na elaboração de materiais de PLA e PLH.

transitando em discussões relevantes nas sociedades lusófonas.

4.4 O debate sobre a autonomia do português do Brasil

Estudiosos como Bagno e Carvalho (2015) identificam a necessidade de reconhecer o português do Brasil como língua autônoma, assim, listam fatores para uma internacionalização efetiva da língua:

1. Combate ao preconceito linguístico;
2. Produção didática mais compatível à realidade do português do Brasil;
3. Política externa que ofereça investimentos na formação de professores de português do Brasil, assim como na criação de centros de ensino;
4. Autonomia do português do Brasil, fora da sombra do português europeu.

Os argumentos de Bagno e Carvalho (2015) para uma postura mais autônoma do português se pautam nas diferenças entre português do Brasil e português europeu na fonética, na morfossintaxe e no léxico. Para os autores, não é adequado, então, considerar o português do Brasil como variedade ou dialeto, diante de sua história e contato com línguas indígenas e africanas. A postura de militância favorável ao português do Brasil, assim chamada pelos autores, reflete a função político-social da Linguística, que deve exercer influência nos livros didáticos, debatendo o português usado não apenas pela elite conservadora e discriminatória do Brasil, que ainda trata com desprestígio variedades que não se assemelhem à idealizada norma-padrão.

Apesar da validade da perspectiva de Bagno e Carvalho (2015), especialmente no que diz respeito à formação histórica do português brasileiro, a configuração das salas de aula no contexto internacional não favorece a adoção de uma postura que trate o português de forma cindida, desvencilhando-o do português europeu, já que há turmas essencialmente mistas, que apresentam, em um mesmo nível, aprendizes de herança e aprendizes de língua adicional e de herança com diferentes históricos linguísticos, como descendentes de brasileiros e portugueses. Na maioria das vezes, os departamentos e institutos de ensino de português precisam ter desenvoltura para lidar com tantas variáveis pela escassez de recursos e professores. No contexto atual, no ensino de português em contexto internacional, a postura mais adequada para o tratamento das múltiplas línguas portuguesas pelo globo é a do pluricentrismo, debatida no Capítulo 2. Reconhecer o português como língua pluricêntrica não significa apagar a diversidade linguística e cultural dos países lusófonos, mas caminhar para frente com reconhecimento, pluralidade e benefícios às diásporas e aos Estados-membros da CPLP.

Referências

Auroux, S. *A revolução tecnológica da gramatização*. Tradução de Eni Puccinelli Orlandi. Campinas: UNICAMP, 2009.

Bagno, M.; Carvalho, O. L. S. O *potencial do português brasileiro como língua internacional*. In: Interdisciplinar – Revista de Estudos em Língua e Literatura. Ano X., v. 22, pp. 11-26, 2015.

Bagno, M. *Nada na língua é por acaso: por uma pedagogia da variação linguística*. São Paulo: Parábola, 2007.

Carvalho, O. L. S. *Variação Linguística e ensino: Uma análise dos livros didáticos de português como segunda língua*. In: Bagno., M. Linguística da norma. São Paulo: Edições Loyola, 2002.

_____. Aspectos da Identidade Brasileira em Livros Didáticos de Português para Estrangeiros: um estudo lexical. Revista Intercâmbio dos Congressos Internacionais de Humanidades (UnB), v. 1, p. 1-15, 2008.

Coutinho, V. A. *Variação linguística no ensino de Português Brasileiro como Língua Estrangeira: pronomes objeto direto de 3ª pessoa*. Dissertação de Mestrado. Universidade de Brasília, 2016.

Descardeci, M. A. A. Souza. *Ler o mundo: um olhar através da semiótica social*. Educação Temática Digital, Campinas, v. 3, n. 2, pp. 19-26, Unicamp, 2002.

Dettoni, R. do V. *Reflexões sobre o lugar da Variação Linguística no Ensino de Português como Segunda Língua*. In: Silva, K. A. (Org.) Ensinar e Aprender Línguas na Contemporaneidade: Linhas e Entrelinhas. Campinas: Pontes Editores, 2010.

Ellis, R. *Input based approaches to teaching grammar: A review of classroom-oriented research*. Annual Review of Applied Linguistics 19, pp. 64-80, 1999.

Galloway, V. *Constructing cultural realities: "Facts" and frameworks of association*. In: J. Harper, M. Lively, & M. Williams (wds.), The coming of age of the profession. Boston: Heinle & Heinle, 1998.

Gardner, Howard. *Frames of Mind: The Theory of Multiple Intelligences*. Nova Iorque: Basic Books, 2011.

Gomes de Matos, F. *Influência da Lingüística em materiais didáticos para Ensino de Português como língua estrangeira: uma perspectiva brasileira*. In: Revista de Estudos Linguísticos da Universidade do Porto, v. 2, pp. 47-59, 2007.

Grannier, D. M. *Perspectivas na formação do professor de português como segunda língua*. Cadernos do Centro de Línguas, v. 4, pp. 35-47, 2013.

Jolly, D.; R. Bolitho. *A framework for materials writing*. In: B. Tomlinson (ed.), Materials Development in Language Teaching. Cambridge University Press: Cambridge, 2011.

Kress, G. *Literacy in the new media age*. Londres: Routledge, 2003.

Kress, G.; Van Leeuwen, T. *Reading images: the grammar of visual design*. London, Nova Iorque: Routledge, 1996.

Leffa, V. J. *Metodologia do ensino de línguas*. Florianópolis: Editora da

Universidade Federal de Santa Catarina, 1988.

Marcuschi, L. A. *Produção textual, análise de gêneros e compreensão*. São Paulo: Parábola Editorial, 2008.

Moita Lopes, Luiz Paulo da. *Ideologia linguística: como construir discursivamente o português no século XXI*. In: Português no século XXI: ideologias linguísticas, Moita Lopes, Luis Paulo da. (Org.). São Paulo: Parábola, 2013.

Richards, J. C. *The Role of Textbooks in a Language Program*. Cambridge: Cambridge University Press, 2001.

Santana, L. A. *A Variação Pronominal Tu/Você e Nós/A gente em Livros Didáticos de Português como Língua Estrangeira*. Dissertação de Mestrado. Universidade Estadual Paulista "Júlio de Mesquita Filho", 2016.

Tomlinson, B. (Org.) *Materials Development in Language Teaching*. Cambridge: CUP, 2012.

Widdowson, H. G. *On the limitations of linguistics applied*. Applied Linguistics, n. 21, v. 1, pp.3-25, 2000.

Widdowson, H.G. *Explorations in Applied Linguistics 2*. In: Canadian Modern Language Review, n. 42, v. 5, pp. 1018–1019, 1984.

Breve análise de livros didáticos de PLA e PLH desde a década de 1990
Título
Autores
Editora e ano da última edição
Abordagens predominantes
Caderno de exercícios (Sim/Não) *apresenta apoio digital
Público-alvo (faixa etária/primeira língua)
Variedade predominante

Sabes cantar, sabes falar!
Luísa Bacelar
Porto, 2020
Comunicativa
N
Infantil
Europeia

Tu cá, Tu lá! (1 e 2)
Lúcia Mascarenhas & Ana Sofia Santos
Porto, 2020
Comunicativa
S
Infantojuvenil
Europeia

Queremos falar português
Alessandra Penino et al.
ICUB, 2020
Comunicativa e sociointeracionista
N
Adulto/Hispanofalante
Brasileira

Manual Prático de Escrita em Português/Developing Writing Skills in Portuguese
Javier Muñoz-Basols et al.
Routledge, 2020
Comunicativa
N
Adulto/Geral
Brasileira

Muito Prazer: fale o português do Brasil
Gláucia Roberta Rocha Fernandes et al.
Disal, 2019
Comunicativa
S
Adulto/Geral
Brasileira

Batendo papo: fale e aprenda de maneira interativa
Andrea Gaui, Vanessa Fonseca Babini
Scortecci, 2019
Comunicativa e sociointeracionista
N
Adulto/Geral
Brasileira

Portuguesia: Enfoque Intercultura Nível 1
Laura Piccone
Laura Piccone, 2019
Comunicativa e sociointeracionista
N*
Adulto/Geral
Brasileira

Panorama Brasil: ensino do Português no Mundo dos Negócios
Maria Harumi de Ponce et al.
Publicação autoral, 2019

Comunicativa e sociointeracionista
N
Adulto com foco no mercado de trabalho/Geral
Brasileira

Portuguese: an Essential Grammar
Amélia P. Hutchinson et al.
Routledge, 2019
Estruturalista
N
Adulto/Anglófono
Europeia

Contextos: Curso Intermediário de Português
Denise Santos et al.
Routledge, 2019
Comunicativa e sociointeracionista
N*
Adulto/Geral
Pluricêntrica

Olá! Como Está?
Leonete Carmo
Lidel, 2019
Comunicativa
S
Adulto/Geral
Europeia

Na Crista da Onda (Volumes 1, 1 e 3)
Ana Maria Bayan Ferreira & Helena José Bayan
Lidel, 2019
Comunicativa
N
Infantojuvenil
Europeia

Tudo Bem? Português para a nova geração (Volumes 1 e 2)
Maria Harumi de Ponce
SBS Editora, 2019
Comunicativa
S*
Infantojuvenil
Brasileira

Os sons do português
André Zampaulo
Routledge, 2019
Estruturalista e Sociointeracionista
N
Adulto/Geral
Pluricêntrica

Contos com Nível (Volumes 1, 2 e 3)
Ana Sousa Martins
Lidel, 2019
Comunicativa
N
Adulto/Geral
Europeia

Perspectivas: Português para falantes de espanhol
Blair Bateman et al.
Linus Learning, 2018
Comunicativa e estruturalista
S*
Adulto/Hispanofalante/Anglofalante
Pluricêntrica

Desafios de Escrita Criativa
Paula Pessanha Isidoro
Lidel, 2018
Comunicativa
N
Adulto/Geral
Europeia

Exercícios teóricos e práticos de fonética e fonologia do português brasileiro para hispanofalantes
Luis Roos
Sotaque, 2018
Estruturalista e comunicativa
N
Adulto/Hispanofalante
Brasileira

Hora da História (Volumes 1 e 2)
Susana Leite (et. al)
Lidel, 2018
Comunicativa
S
Crianças de 6 a 10 anos/Geral
Europeia

Português XXI (Volumes 1, 2 e 3)
Ana Tavares
Lidel, 2018
Comunicativa e Sociointeracionista
S
Adulto/Geral
Europeia

Surpreende-te aprendendo português
Cecília Morais e Diana Coutinho
Lidel, 2018
Comunicativa e Sociointeracionista
N
Adulto/Geral
Europeia

Campus universitário
Catarina Castro
Lidel, 2018
Comunicativa e Sociointeracionista
S*
Adulto/Geral
Europeia

Bate-papo
Letícia Soares Bortolini & Tanara Zingano Kuhn
Lidel, 2018
Comunicativa e Sociointeracionista
S
Adulto/Geral
Brasileira

Falsos Amigos: Português-Espanhol/Español-Português
Ana Díaz
Lidel, 2018
Estruturalista e Comunicativa
N
Adulto/Hispanofalante
Europeia/
Brasileira

Aquarela
Tarcísio Buriti
Buriti, 2019
Estruturalista e Comunicativa
N
Adulto/Anglófono
Brasileira

Falar... Ler... Escrever... Português: um curso para estrangeiros
Emma Eberlein O. F. Lima e Samira A. Iunes
E.P.U., 2017
Estruturalista
S
Adulto/Geral
Brasileira

Curtindo os Sons do Brasil: Fonética do Português do Brasil para Hispanofalantes
Ubiratã Kickhöfek Alves
Lidel, 2017

Comunicativa
N
Adulto/Hispanofalante
Brasileira

Português pela Rádio
Helena Lemos
Lidel, 2017
Comunicativa
N
Adulto
Europeia

Brasileirinho: Português para crianças e pré-adolescentes
Claudenir Gonçalves
E.P.U., 2017
Comunicativa
N
Infantojuvenil/Geral
Brasileira

Guguinha
Isabel Borges & Teresa Goja
Lidel, 2017
Comunicativa e Sociointeracionista
S
Infantil/Geral
Europeia

Português em Foco (Volumes 1, 2, 3 e 4)
Carla Oliveira & Luísa Coelho
Lidel, 2017
Comunicativa
N
Adulto/Geral
Europeia

Ora Viva!
Ana Margarida Abrantes
Lidel, 2017
Comunicativa

N
Adulto/Anglófono
Europeia

Vamos Lá Começar (Volumes 1 e 2)
Leonel Melo Rosa
Lidel, 2017
Comunicativa e estruturalista
N
Adulto/Geral
Europeia

Manual de Fonética
Francisco Espada
Lidel, 2017
Comunicativa e estruturalista
S*
Adulto/Geral
Europeia

Colloquial Portuguese of Brazil
Viviane Gontijo
Routledge, 2017
Comunicativa
S*
Adulto/Anglófono
Brasileira

Dicionário Ilustrado de Português como Língua Não Materna
Ana Isabel Fernandes et al.
Porto, 2017
Estruturalista
N
Geral/Geral
Europeia

Modern Brazilian Portuguese Grammar: a practical guide
John Whitlam

Routledge, 2017
Estruturalista
N
Adulto/Anglófono
Brasileira

Os Destinos de Gabriel 1
Jorge Reis et al.
Lidel, 2017
Comunicativa
N
Infantojuvenil/Geral
Brasileira

Histórias de Bolso
Gonçalo Duarte
Lidel, 2017
Comunicativa
N
Adulto/Geral
Europeia

Vocabulário Temático: Exercícios Lexicais
Isabel Ruela
Lidel, 2016
Estruturalista
N
Adulto/Geral
Europeia

Português Já: Ensino Português no Estrangeiro (Gramática e Vocabulário – Consolidação)
Diana Oliveira
Porto, 2016
Estruturalista e Comunicativa
N
Adulto/Geral
Europeia

Português Já: Ensino Português no Estrangeiro (Gramática e Vocabulário – Iniciação)
Diana Oliveira
Porto, 2016
Estruturalista e Comunicativa
N
Adulto/Geral
Europeia

Fale Português (Volumes 1 e 2)
Maria Harumi de Ponce et al.
HUB Editorial, 2016
Comunicativa
S*
Adulto/Geral
Brasileira

Português do Brasil como Língua Estrangeira - Gramática
Linei Matzenbacher Zampietro
Disal, 2016
Estruturalista
N
Adulto/Geral
Brasileira

Passaporte para Português (Volumes 1 e 2)
José Lino Pascoal & Robert Kuzka
Lidel, 2016
Comunicativa
S
Adulto/Geral
Europeia

Português Empresarial (Volumes 1 e 2)
Margarida Neves
Lidel, 2016
Comunicativa
N
Adulto/Geral
Europeia

Hoje em Dia... Português Língua Estrangeira/Língua Segunda/Língua Não Materna
Hermínia Malcata
Lidel, 2016
Comunicativa
N
Adulto/Geral
Europeia

Gramática de Português Língua Não Materna
Lígia Arruda
Editora Porto, 2016
Estruturalista
N
Adulto/Geral
Europeia

Português na Prática para Falantes de Inglês
Francisco Araújo da Costa
E.P.U., 2016
Estruturalista
N
Adulto/Anglófonos
Brasileira

Vamos Falar Português: Ensino do Português do Brasil como Língua de Herança (Volumes I e II)
Susanna Florissi & Anna Claudia Ramos
Maurício de Sousa Editora/HUB Editorial, 2014/2015
Comunicativa
N
Infantil/Falantes de português como língua de herança
Brasileira

Mapeando a Língua Portuguesa através das Artes.
Jouët-Pastré, Clemence & Patrícia Sobral
Focus Publishing/Pullins Company, 2015
Sociointeracionista
S
Adulto/Anglófonos
Pluricêntrica

Portuleiro: Língua e Cultura
Vanessa Fitzgibbon
Linus Learning, 2015
Comunicativa
N
Adulto/Geral
Europeia

Criatividade e Expressão: Exercícios de Português para Estrangeiros
Tatiana Ribeiro
Disal, 2015
Estruturalista e Comunicativa
N
Adulto/Geral
Brasileira

Timi (Volumes 1, 2 e 3)
Isabel Borges et al.
Lidel, 2015
Comunicativa
S
Infantil/Geral
Europeia

Timi (Volumes 1, 2 e 3) – Português do Brasil
Isabel Borges et al.
Lidel, 2015
Comunicativa
S
Infantil/Geral

Brasileira

Falar pelos cotovelos
Sara Santos
Lidel, 2015
Comunicativa
N
Adulto/Geral
Europeia

Estratégias 1
Ana Dias
Lidel, 2015
Comunicativa
S
Adulto com foco no mercado de trabalho /Geral
Europeia

Nota 10
Ana Dias e Sílvia Frota
Lidel, 2015
Comunicativa
N
Adulto/Geral
Brasileira

Pronunciação dos Verbos Portugueses
Arlindo Veiga et al.
Lidel, 2015
Estruturalista
N
Adulto/Geral
Europeia

Português Outra Vez
Helena Ventura & Parvaz Salimov
Lidel, 2015
Comunicativa
N

Adulto/Geral
Europeia

Manual de Pronúncia e Prosódia
Luísa Coelho e Carla Oliveira
Lidel, 2014
Estruturalista
N
Adulto/Geral
Europeia

Português: Curso Comparativo para Hispanohablantes (Vocabulário y Gramática)
Chen Yongyi
Sinapsis, 2014
Estruturalista
N
Adulto/Hispanofalante
Europeia

Gramática Ativa 1 e 2 (versão brasileira)
Isabel Coimbra & Olga Mata Coimbra. Versão brasileira: Lamartine Bião Oberg
Lidel, 2012/2014
Estruturalista
N
Adulto/Geral
Brasileira

Aprender Português 1 e 2
Carla Oliveira et al.
Texto Editores, 2014
Comunicativa
S
Adulto/Geral
Brasileira

Português Via Brasil: Um curso avançado para estrangeiros
Emma Eberlein O. F. Lima&

Samira A. Iunes
E.P.U., 2014
Estruturalista
N
Adulto/Geral
Brasileira

Basic Portuguese: A Grammar and Workbook
Cristina Sousa
Routledge, 2014
Estruturalista
S
Adulto/Anglófono
Europeia

Crônicas Brasileiras: a Reader
Charles Perrone, Dário Borim Jr. e Celia R. Bianconi (Editores)
University Press of Florida, 2014
Sociointeracionista
N
Geral/Anglófono
Brasileira

Dicionário Ilustrado de Português Língua Estrangeira/Língua Segunda/ Língua Não Materna
Maria Ibéria Matos
Lidel, 2013
Estruturalista
N
Geral/Geral
Europeia

Ciranda Cirandinha: Vamos Todos Ler e Escrever, Volumes 1 e 2
Felicia Jennings-Winterle
Brasil em Mente, 2013
Comunicativa e Sociointeracionista
N
Infantil/Falantes de português como língua de herança
Brasileira

Cultura e História de Portugal (Volumes I e II)
Lúcia Mascarenhas
Porto, 2013/2004
Comunicativa
S
Adulto/Geral
Europeia

Bons negócios: Português do Brasil para o mundo do trabalho
Denise Santos & Gláucia V. Silva
Disal, 2013
Comunicativa
N
Adulto com foco no mercado de trabalho /Geral
Brasileira

Português Atual (Volumes 1, 2 e 3)
Hermínia Malcata & Marta Silva
Lidel, 2013
Comunicativa
S*
Adulto/Geral
Europeia

Praticar Português (Volumes 1 e 2)
Helena Lemos
Lidel, 2013
Comunicativa
N
Adulto/Geral
Europeia

Novo Avenida Brasil (Volumes I, II e III): Curso Básico de

Português para Estrangeiros
Emma Eberlein O.F. Lima et al.
E.P.U., 2013
Comunicativa e estruturalista
S*
Adulto/Geral
Brasileira

Ponto de Encontro: Portuguese as a world language
Clémence M. C. Joüet-Pastré et al.
Pearson, 2012
Comunicativa
S
Adulto/Anglófono
Pluricêntrica

Para entender y usar el subjuntivo em português
Juan Alfonso Ortiz Díaz
Universidad Nacional Autónoma de México, 2012
Estruturalista
N
Adulto/Hispanofalante
Brasileira

Gramática Ativa 1 e 2 (versão Europeia)
Isabel Coimbra & Olga Mata Coimbra.
Lidel, 2012
Estruturalista
N
Adulto/Geral
Europeia

Um português bem brasileiro (Níveis 1, 2 e 3)
Claudia Oliveira Mendonça et al.
Fundación Centro de Estudos Brasileiros, 2012
Comunicativa

N
Adulto/Geral
Brasileira

Avançar em português
Ana Tavares e Marina Tavares
Lidel, 2012
Comunicativa e Sociointeracionista
S*
Adulto/Geral
Europeia

Novo Português sem Fronteiras
Isabel Coimbra & Olga Mata Coimbra
Lidel, 2011
Comunicativa
N
Adulto/Geral
Europeia

Guia Prático dos Verbos Portugueses
Beatriz Pessoa & Deolinda Monteiro
Lidel, 2011
Estruturalista
N
Adulto/Geral
Europeia

Guia Prático dos Verbos com Preposições
Helena Ventura & Manuela Caseiro
Lidel, 2011
Estruturalista
N
Adulto/Geral
Europeia

Vamos Lá Continuar
Leonel Melo Rosa
Lidel, 2011

Estruturalista e Comunicativa
N
Adulto/Geral
Europeia

Guia Prático de Fonética
Hermínia Malcata
Lidel, 2011
Estruturalista
N
Adulto/Geral
Europeia

Qual é a dúvida?
Frederico de Freitas & Teresa Sousa Henriques
Lidel, 2011
Estruturalista e Comunicativa
N
Adulto/Geral
Europeia

Salpicos (Volumes 1, 2, 3 e 4)
Luísa Vian & Rita Jonet
Lidel, 2011
Comunicativa e Sociointeracionista
S
Infantojuvenil/Geral
Europeia

*Na Onda do Português
(Volumes 1, 2 e 3)*
Ana Maria Bayan Ferreira & Helena José Bayan
Lidel, 2011
Comunicativa
S
Infanto-Juvenil/Geral
Europeia

*50 Règles Essentielles –
Portugais Brésilien*
Roberta Tack

Studyrama, 2011
Estruturalista
N
Adulto/Francófono
Brasileira

Guia Prático de Verbos com Preposições
Helena Ventura & Manuela Caseiro
Lidel, 2011
Estruturalista
N
Adulto/Geral
Europeia

Cozinhar em Português
Liliana Gonçalves
Lidel, 2011
Comunicativa
N
Adulto/Geral
Europeia

Bom dia, Brasil
Rejane de Oliveira Slade (et. al)
Yale University Press, 2011
Comunicativa
S
Adulto/Geral
Brasileira

*Entre Nós: Método de Português para Hispanofalantes
(Volumes 1, 2 e 3)*
Ana Cristina Dias
Lidel, 2010
Comunicativa
S*
Adulto/Hispanofalante
Europeia

Fonética Lúdica
Luis Roos

Sotaque, 2010
Comunicativa
N*
Infantojuvenil e Adulto/Geral
Brasileira

Working Portuguese for Beginners
Monica Rector, Regina Santos & Marcelo Amorim
Georgetown University Press, 2010
Comunicativa
S
Adulto/Anglófono
Brasileira

Le Portugais de tous les jours
Nora Amroune & Fátima Teixeira
Sur le bout de la langue, 2010
Estruturalista e Comunicativa
N
Adulto/Francófono
Brasileira

Horizontes: Rumo à Proficiência em Língua Europeia
Adriana Almeida & Cibele N. Barbosa
LiBreAr, 2010
Sociointeracionista
N
Adulto/Geral
Brasileira

Portuguese: one minute an hour
Cristina A. Schumacher & Larissa Ramos
Elsevier, 2010
Estruturalista e Comunicativa
N
Adulto/Anglófono
Brasileira

Um Passo Mais no Português

Moderno: Gramática, Avançada, Leituras, Composição e Conversação
Francisco Fagundes
Tagus Press
Comunicativa e Sociointeracionista
N
Adulto/Geral
Europeia

Cinema for Portuguese Conversation
Bonnie S. Wasserman
Hackett Publishing Company, 2009
Comunicativa e Sociointeracionista
N
Adulto/Anglófono
Brasileira

Falas Português? Português como Língua Não Materna
Ana Paula Dias & Paulo Militão
Porto, 2009
Comunicativa e Sociointeracionista
S
Adulto/Geral
Europeia

Portuguese Verbs & Essential Grammar
Sue Tyson-Ward
McGraw Hill, 2008
Estruturalista
N
Adulto/Anglófono
Brasileira/Europeia

Pois não: Brazilian Portuguese Course for Spanish Speakers
António Simões
University of Texas Press
Comunicativa
Adulto/Anglófono/Hispanofalante

Brasileira

Terra Brasil: Curso de língua e cultura
Regina Lúcia Péret Dell'Isola &
Maria José Apparecida de Almeida
UFMG, 2008
Comunicativa
N
Adulto/Geral
Brasileira

Guia Prático de Fonética – Dicas e modelos para uma boa pronúncia
Luis Roos & Silvia Medone
Sotaque, 2006
Estruturalista
N
Adulto/Hispanofalante
Brasileira

Para Frente! An Intermediate course in Portuguese
Larry D. King & Margarita Suñer
Linguatext, 2004
Comunicativa
N
Adulto/Anglófono
Brasileira

Fonética: o samba dos sons
Luis Roos
Sotaque, 2004
Comunicativa e estruturalista
N
Infantojuvenil e Adulto/Geral
Brasileira

Gramática de Português para Estrangeiros
Lígia Arruda
Porto, 2004
Estruturalista
N
Adulto/Geral
Europeia

Fala Brasil: Português para Estrangeiros
Pierre Coudry e Elizabeth Fontão
Pontes, 2004
Estruturalista
S
Adulto/Anglófonos/Francófonos
Brasileira

Diálogo Brasil: Curso Intensivo de Português para Estrangeiros
Emma Eberlein O. F. Lima et al.
E.P.U., 2004
Estruturalista e comunicativa
Adulto/Geral
Brasileira

Bem-Vindo: a língua Europeia no mundo da comunicação
Maria Harumi de Ponce et al.
SBS, 2004
Comunicativa
S*
Adulto/Geral/Volume para falantes de línguas latinas
Brasileira

Para a Frente: an intermediate course in Portuguese
Larry D. King & Margarita Suñer
Linguatext, 2004
Estruturalista e Comunicativa
N
Adulto/Anglófono
Brasileira

Aprendendo Português do Brasil: um curso para estrangeiros

Maria Nazaré de Carvalho Laroca et al.
Pontes, 2003
Estruturalista
N
Adulto/Geral
Brasileira

Modern Portuguese: A reference grammar
Mário A. Perini
Yale, 2002
Estruturalista e Sociointeracionista
N
Adulto/Anglófono
Brasileira

Brasil/ Língua e Cultura
Tom Lathrop & Eduardo Dias
Linguatext, 2002
Comunicativa
N
Adulto/Geral
Brasileira

Passagens: Português do Brasil para Estrangeiros
Rosine Celli
Pontes, 2002
Comunicativa
N
Adulto/Geral
Brasileira

Colloquial Portuguese: the Complete Course for Beginners
José Sampaio e Barbara McIntyre
Routledge, 2002
Estruturalista e Comunicativa
N
Adulto/Anglófono
Europeia

Bom dia: Level 1 & 2
Marcia Matos & Sara Neto-Kalife
Spinner, 2002
Comunicativa
N
Adulto/Anglófono
Europeia

Interagindo em português: textos e visões do Brasil (Volumes I e II)
Eunice Ribeiro Henriques & Daniele Marcelle Grannier
Thesaurus, 2001
Sociointeracionista
N
Adulto/Geral
Brasileira

Português Básico para Estrangeiros
Rejane de Oliveira Slade
Rejane de Oliveira Slade, 1999
Estruturalista
N
Adulto/Geral
Brasileira

7 Vozes: Léxico Coloquial do Português Luso-Brasileiro
Clenir Louceiro et al.
Lidel, 1997
Estruturalista e Sociointeracionista
N
Adulto/Geral
Pluricêntrica

Português para Principiantes
Claude Leroy, Severino Albuquerque & Mary Schil
University of Wisconsin-Madison
Estruturalista e comunicativa
N

Adulto/Geral	Editora do Brasil, 1990
Brasileira	Estruturalista
	N
Português Español: Aspectos	Adulto/Hispanofalante
Comparativos	Brasileira
Célia Siqueira de Marrone	

CAPÍTULO 5
PLANEJAMENTO, REFLEXÃO E DIVERSIDADE: A SALA DE AULA DE PORTUGUÊS EM CONTEXTO INTERNACIONAL

Diante das múltiplas variáveis presentes nas salas de aula PLA e PLH, observar-se-á a elaboração de *syllabus*[12] e o planejamento das aulas majoritariamente sob as perspectivas da Abordagem Complexa e do Método Eclético, por esses considerarem a confluência de métodos e abordagens no processo de ensinar. Consideram-se ainda a diversidade dos estudantes, as condições de aprendizagem, o contexto histórico-cultural das instituições de ensino e quaisquer fatores que incidam no desenvolvimento linguístico. A organização das aulas, assim como a elaboração e a seleção dos materiais, requer observação, pesquisa, reflexão e ação. Para isso, há informações fundamentais das quais o professor precisa saber antes de preparar o curso:

1. Onde ensinarei português? Que comunidades falantes da língua estão presentes no território adjacente à instituição?
2. Há outras instituições, educacionais ou não, que podem servir de apoio para os alunos (bibliotecas, centros comunitários, associações...)?
3. Que contexto sócio-histórico permeia essas comunidades de aprendizes e de falantes da língua?
4. Quais são as práticas culturais de ensinar e aprender dessas comunidades?
5. Quem são meus estudantes? Por que estudam português? Do que sabem? Do que gostam? Que desdobramentos a língua pode trazer às suas realidades?
6. De que formação continuada adicional eu preciso para suprir as demandas desse contexto de aprendizagem?
7. Que variáveis (idade, motivação, inteligências múltiplas, acesso a recursos...) preciso levar em conta na execução dos planejamentos?

---

[12] Adota-se comumente a terminologia *syllabus* (singular) e *syllabi* (plural) para se tratar de ementa ou programa de curso.

8. Como suprir as demandas individuais diante da heterogeneidade dos estudantes?

Para responder a essas perguntas, convida-se o leitor a desbravar alguns métodos mais contemporâneos, que lhe podem servir de base na preparação de seus cursos. Neste capítulo, discutir-se-á o lugar do currículo, dos *syllabi*, e do plano de aula na preparação de cursos, além das influências da Comunicação Mediada por Computadores (CMC) nas novas configurações das salas de aula da contemporaneidade. Também há discussões sobre o lugar na cultura nas aulas de PLA e os desafios no ensino de PLH.

5.1 Novas metodologias para o desenvolvimento linguístico adicional e a funcionalidade da avaliação diagnóstica

A pesquisa e a práxis em Educação, Linguística e Linguística Aplicada têm proporcionado o surgimento de outros métodos de desenvolvimento linguístico que refletem as novas configurações das sociedades e as mudanças no processo de aprender. Esses novos métodos, mais compatíveis às demandas das comunidades, surgem diante da diversidade de recursos, contextos e objetivos de aprendizagem. A reconfiguração dos métodos é uma constante, pois (1) a comunicação é observada como processo holístico; (2) as propostas que geram produtos relevantes e engajadores são mais significativas para a aprendizagem (Richards, 2006); (3) os estudantes são mais independentes diante da variedade de recursos disponibilizados pela CMC; e (4) com maior engajamento em comunidades linguísticas há desenvolvimentos linguísticos graduais mais efetivos. São métodos[13] usados nas práticas atuais:

Ensino baseado em conteúdo
Primeiro, decidem-se os conteúdos do curso para, a seguir, tomar decisões acerca de tópicos gramaticais e habilidades linguísticas a serem desenvolvidas. Dessa forma, a língua é um meio para adquirir informação e não pode ser ensinada separadamente. Há uma conexão com as várias dimensões da competência comunicativa (Richards, 2006). Os conteúdos podem ser tópicos relacionados às sociedades, como as artes, os movimentos urbanos, a saúde, dentre outros.

---

[13] Na literatura, há autores, como Willis & Willis (2007), que intitulam as novas práticas de ensino como abordagens. Como se adotou a postura terminológica de abordagem, método e técnica, debatida no Capítulo 3, o termo método será adotado nesta seção para a apresentação das práticas da atualidade, tendo em vista que essas estão permeadas pelas macroabordagens discutidas.

Ensino baseado em tarefas

Os estudantes são engajados para a realização de tarefas significativas que envolvam a resolução de problemas, o desenvolvimento de projetos e tomadas de decisões (Pica, 2008). O estabelecimento dos objetivos para a concretização da tarefa facilita o tratamento de tópicos linguísticos específicos por meio das relações interpessoais dos envolvidos no processo de aprendizagem. Nesse método, há três fases: a pré-tarefa (a contextualização e a explicação dos objetivos), a tarefa (o trabalho com pares na língua-alvo e a exibição do produto) e a pós-tarefa (a avaliação). Ao final, há sempre um produto, por exemplo: um cartaz, uma mensagem de áudio, uma postagem em uma rede social, dentre outros.

Ensino baseado em gêneros textuais

Reflexo da proposta de Halliday (1985) e da Linguística Sistêmico-Funcional, aprender um gênero é participar das ações de determinada comunidade e, de certa forma, também aprender formas linguísticas (Miller, 1984). Dessa forma, a partir do reconhecimento de textos orais e escritos, o estudante reconhece e produz gêneros específicos a uma cultura, assim como a forma como eles são usados em contextos específicos. Nesse método, o gênero textual é um insumo e um produto que pode ser construído, inclusive, no momento da aula. São exemplos: atividades de criação de charges, redação de ensaios, gravação de *podcasts*, dentre inúmeras atividades.

Ensino baseado em competência

Mais destinado à preparação de cursos voltados ao mercado de trabalho ou a programas de sobrevivência linguística para adultos, procura-se preparar os estudantes para situações cotidianas com objetivos de aprendizagem claros, para que esses sujeitos sejam cada vez mais independentes diante das situações das sociedades que integram (Auerbach, 1986). As aulas são desenhadas para o desenvolvimento de competências específicas, conectadas à realidade linguística dos aprendizes, como: ir ao banco fazer um depósito, interagir em uma entrevista de trabalho, fazer um cancelamento por telefone, dentre outras.

Ensino baseado em projetos

Caracterizado por tarefas significativas múltiplas que resultem em um produto criado em um espaço de tempo considerável, o método dialoga com aquele baseado em tarefas (Ellis, 2009). A solução de problemas, além de ser motivadora, traz aos estudantes uma oportunidade de usar a língua de forma efetiva e autêntica (Stoller, 2006), observando aplicabilidades tanto dos insumos quanto das produções de forma integrada e autônoma. A concretização de um projeto pode levar uma semana, um mês e até mesmo um ano letivo inteiro. Ao final, há um produto a ser compartilhado, como um aplicativo, uma página na internet, a publicação de um livro, a solução de um problema de cunho social, dentre outros.

Ensino baseado em comunidades
Observa a comunidade como parceira no processo de aprendizagem (Mooney & Edwards, 2001). Os resultados dessa integração evidenciam não apenas um trabalho com a comunidade, mas também em benefício dela. Clifford & Reisinger (2019) observam que, como pedagogia, o Ensino baseado em comunidades promove interações, cria práticas mais solidárias, debate questões sociais, promove conexões autênticas entre as pessoas e oferece uma base para o engajamento, o uso do conhecimento intelectual, a discussão e a reflexão. Os produtos desse método podem envolver, mas não se limitam a traduções de documentos oficiais para minorias linguísticas, rodas de leitura e contação de histórias para falantes de PLH, criação de acervos de histórias orais de um grupo diaspórico, dentre outros.
Quadro 15: Métodos usados no ensino de línguas da atualidade

Esses métodos não são interexcludentes e podem dialogar sob uma prática eclética, composta por abordagens complementares. A seleção dos métodos e abordagens deve ser guiada pelo perfil dos aprendizes para a elaboração de *syllabi*, currículos e planos de aula. Nessa etapa inicial, a avaliação desempenha um papel importante. Contudo, de que avaliação se fala?

A avaliação é, de maneira geral, um processo de coleta de dados (Hanna & Dettmer, 2004). As práticas de avaliação mais tradicionais propõem três funções de avaliação: a formativa – contínua e qualitativa, a somativa – estática e quantitativa, e a diagnóstica – determinante e investigadora. Apesar de todas terem presença nos processos de ensino, com maior ou menor força, no desenvolvimento linguístico, a avaliação diagnóstica merece protagonismo, pela oportunidade de mapear e conhecer o perfil dos estudantes, suas preferências de desenvolvimento e suas histórias. Uma maneira eficaz de realizar avaliações diagnósticas em cursos de língua é propor questionários de mapeamento etnolinguístico. As variáveis do questionário devem ser delimitadas pelo professor e respeitar as dimensões étnico-sociais dos estudantes. Veja a proposta a seguir:

Questionário para mapeamento etnolinguístico

1. Qual é o seu nome? _____
2. Como você gostaria de ser chamado neste curso? _____
3. Qual é a sua idade? _____ ( ) prefiro não dizer
4. Que pronome(s) de tratamento e gênero você usa? _____
5. Que língua(s) você fala em casa?
_____

6. Faça uma lista com a(s) língua(s) que você fala, classificando sua proficiência nas habilidades abaixo:
   Razoavelmente 1   2   3   4   5 Excelentemente

Língua(s)	Falar	Ouvir	Ler	Escrever
1.				
2.				
3.				
4.				

7. Você já teve contato com a língua portuguesa? Quando? Em que ocasião?
_____

8. Por que você decidiu aprender português?
_____

9. Que tópicos das culturas lusófonas você tem interesse em conhecer e debater?
_____

10. Que tópicos, de maneira geral, você não gostaria de debater neste curso?
_____

11. Que atividades você gostaria de evitar neste curso?
_____

12. Além da sala de aula, você conhece outras oportunidades na nossa comunidade para usar a língua portuguesa? Quais?
_____

13. O que pode impedir que você conclua esse curso com êxito?
_____

14. Você tem acesso a um dispositivo eletrônico e à internet?
_____

Quadro 16: Proposta de questionário para mapeamento etnolinguístico

O questionário pode ser tanto impresso quanto eletrônico, utilizando plataformas que permitam a organização dos dados. Pesquisas sobre a relevância dos questionários de mapeamento linguístico têm debatido a eficácia da ferramenta, como os estudos de Fernandes (2019) e Sepanski et. al (2006). De maneira geral, as avaliações diagnósticas, incluindo o mapeamento etnolinguístico, desempenham um papel decisivo na organização do curso:

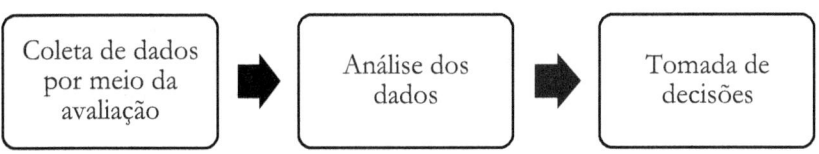

Figura 4: O processo de avaliação diagnóstica

Na contemporaneidade, a avaliação floresce a confiança e a motivação dos estudantes, evidenciando o potencial presente em cada um deles (Stiggins, 2007). Na rotina da sala de aula, avaliações pré e pós-tarefas também desempenham um papel crucial na identificação dos conhecimentos prévio e adquirido dos estudantes. São exemplos:

A criação de mapas conceituais	Em pares ou grupos, os estudantes organizam conjuntos de ideias e conceitos antes de serem debatidos no curso, compartilhando-os com os colegas em cartazes ou plataformas digitais.
A técnica do carrossel	Após delimitar um tópico, o professor distribui cartazes pela sala com subtópicos relacionados. Após agrupar os estudantes homogênea (falantes de línguas maternas similares, por exemplo) ou heterogeneamente, cede-se um espaço de tempo para escreverem o que sabem sobre aquele tema. Quando o tempo acabar, os grupos devem ir para os quadros a seguir, passando por todos eles.
Cartões de segundos ou minutos	No início da aula, o professor entrega um cartão para os alunos com perguntas como "O que você sabe sobre _____?","O que você gostaria de saber sobre_____?" e "O que você aprendeu hoje sobre _____?". O cartão deve ser preenchido em momentos diferentes da atividade, com cerca de 30 segundos a um minuto para cada pergunta.

Uso de listas	Com base no método de ensino baseado em competências, o professor pode levar uma lista para que o aluno marque aquelas nas quais sente ter aptidão. Por exemplo: (a) sei me apresentar em português; (b) sei preencher um formulário com minhas informações pessoais; (c) sei trocar um produto em uma loja; (d) sei escrever pequenas resenhas em aplicativos de compras e localização...
Diários compartilhados	Com o uso de plataformas de produção em grupo, como o *Google Docs* e o *Padlet*, os estudantes podem compartilhar como se sentem, até mesmo anonimamente, após a realização de tarefas.

Quadro 17: Exemplos de atividades pré e pós-tarefas

As avaliações diagnósticas de pré e pós-teste somadas às autoavaliações promovem uma independência no processo de aprender (Nicol & Macfarlane-Dick, 2006). Sob a ótica da Abordagem Complexa, o reconhecimento das variáveis individuais por meio da avaliação diagnóstica evidencia a não linearidade do sistema (sala de aula) e a diversidade de seus elementos (estudantes com seus perfis e preferências, professor e suas crenças, materiais didáticos, espaço físico e recursos, clima, dentre outros fatores). Descobrir como os estudantes gostam de aprender e quais são seus interesses contribui para a construção de uma perspectiva da sala de aula como comunidade.

5.2 Currículo, *syllabus* e plano de aula

Quando se pensa no ensino de línguas e na sua materialização no espaço da sala de aula, traz-se à tona dois questionamentos propostos por Corder (1973): o que ensinar numa aula de línguas e como fazê-lo. A resposta está majoritariamente na organização dos conteúdos para alcançar metas de aprendizagem, o *currículo*. Há várias definições para o termo. Para Wiggins & Tighe (2006), o currículo molda o conteúdo, é formado por padrões externos e conduz uma prática de ensino-aprendizagem efetiva, atuando como uma espécie de mapa que sugere atividades para a obtenção de resultados específicos. Os fatores externos de um currículo podem ser delimitações do Estado sobre parâmetros de ensino para níveis escolares, quadros de referência linguística, gestões institucionais, ou a própria demanda do aluno, no caso de cursos particulares. O termo *currículo* pode ainda estar conectado à prática e servir para especificar um leque de ideias materializadas no *syllabus* (Prideaux, 2003). Adotando a perspectiva de Wiggins & McTighe (2006), propõem-se esferas menores ao termo:

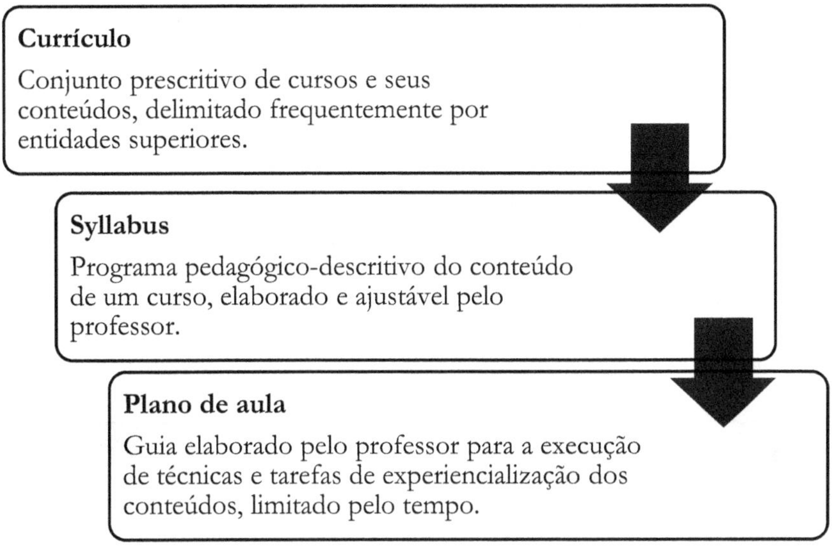

> **Currículo**
> Conjunto prescritivo de cursos e seus conteúdos, delimitado frequentemente por entidades superiores.

> **Syllabus**
> Programa pedagógico-descritivo do conteúdo de um curso, elaborado e ajustável pelo professor.

> **Plano de aula**
> Guia elaborado pelo professor para a execução de técnicas e tarefas de experiencialização dos conteúdos, limitado pelo tempo.

Figura 5: Esferas da organização de cursos

Apesar de o currículo ter uma configuração mais fixa e institucional, a organização do *syllabus* reflete a concepção de língua do professor e as abordagens de ensino adotadas por ele. Richards (2013) propõe três processos no desenvolvimento curricular: a seleção de conteúdos, o processo e os resultados. A criação de um currículo que observa essa linearidade recebe o nome na literatura estadunidense de *Forward Design*. Esses processos não precisam ocorrer necessariamente nessa sequência, sendo possível haver uma criação curricular baseada nos resultados (*Backward Design*) ou no processo (*Central Design*)[14]. Não há receita para a elaboração de um currículo, mas é certo que partir da bagagem das comunidades é mais adequado e inclusivo. Por isso, o *Backward Design* a partir da avaliação diagnóstica proporciona a criação de *syllabi* mais orgânicos, congruente à perspectiva da Abordagem Complexa. Um *syllabus* elaborado sob essa abordagem deixa claro aos estudantes que, apesar de haver um planejamento de programa pedagógico a se seguir, muitas variáveis podem interferir no processo. Um professor sensível a essas variáveis considera desde o início que o *syllabus* tem um formato orgânico e está sujeito a modificações causadas por fatores internos à sala de aula, como motivação de estudantes, necessidade de retomada de conteúdos, inserção de tópicos da atualidade, ausência de recursos, conflitos interpessoais, dentre outros; e externos a ela, devido a mudanças climáticas,

---

[14]Uma discussão detalhada sobre desenvolvimento curricular baseado em *Forward, Central* e *Backward Design* foi proposta por Jack C. Richards em 2013 e se intitula *Curriculum Approaches in Language Teaching: Forward, Central and Backward Design*.

crises humanitárias, demandas comunitárias e mais. Confira uma proposta orgânica de organização de *syllabus*:

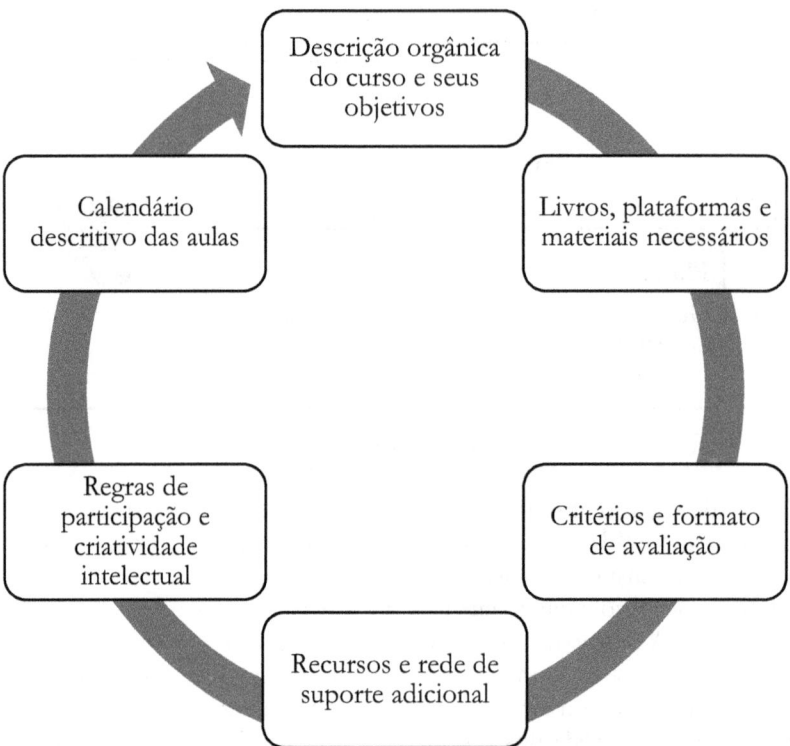

Figura 6: Proposta de organização orgânica de *syllabus*

A proposta acima não se encerra nela mesma e deve ser adaptada de acordo com as necessidades de cada contexto de desenvolvimento linguístico. Como no desenvolvimento de currículo, não há uma fórmula ou modelo universal para a criação de *syllabus*. O que é vital é que o *syllabus* de hoje represente rotas diferentes para o desenvolvimento da competência comunicativa (Richards, 2006), considerando subcompetências, conteúdos e seus desdobramentos para a realidade dos aprendizes.

A criação do plano de aula não deve partir exclusivamente do *syllabus*, mas, sim, das reflexões e diagnósticos das aulas anteriores. Quando se trata da primeira aula de um curso, o professor pode usar as informações do questionário de mapeamento linguístico para as seguintes. O planejamento de aula orgânico tem um formato cíclico:

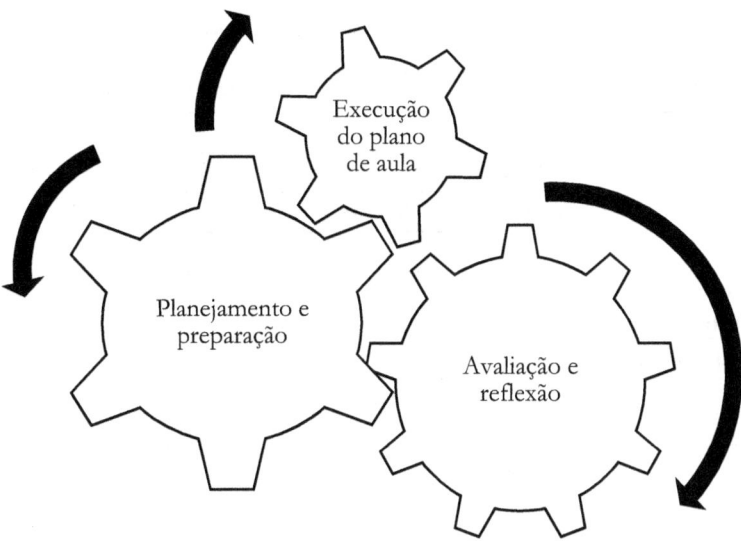

Figura 7: O formato cíclico do planejamento orgânico

A realização do *syllabus* se dá majoritariamente pelo planejamento do tempo de aula, considerando que há outras oportunidades e recursos para desenvolvimento linguístico fora do contexto formal de aprendizagem. O plano de aula consiste, dessa forma, em um guia para a concretização de uma parte do curso restrita por um tempo limite em que o professor estabelece objetivos, organiza estratégias e atividades, seleciona recursos e reflete sobre a sua prática.

Baseado em abordagens diversas, cada professor tem uma forma particular de organizar o tempo de aula, contudo, há elementos fundamentais que devem ser estabelecidos, grosso modo: os objetivos, os materiais e recursos, as atividades, a avaliação e a reflexão. Além disso, é preciso considerar o ritmo das atividades diante da diversidade[15] e a relevância da sequência dos conteúdos para a realidade dos aprendizes, não havendo necessariamente uma subserviência ao material didático ou ao próprio *syllabus*. Muitos desses ajustem vêm com a experiência de sala de aula, mas que não haja engano: professores experientes também precisam de planejamento. Confira a seguir uma proposta-rascunho de plano de aula:

---

[15] Diante da diversidade humana, não faz sentido que em uma turma todos aprendam com as mesmas estratégias. Considerar as preferências nos estilos de aprender, aptidões individuais e conhecimento prévio é a maneira mais efetiva de ensinar, especialmente, em turmas mistas. De acordo com Tomlinson (2017), a diferenciação pode acontecer em quatro dimensões: no conteúdo, no processo, nos produtos e no ambiente de aprendizagem. Apesar de requerer mais trabalho do professor, a diferenciação pode se concretizar facilmente com o senso de comunidade estimulado em sala de aula por meio, por exemplo, de trabalhos em grupo e distribuição diferenciada de tarefas que requeiram proatividade.

Curso		Data	
Local da aula		Duração	
Tópico(s)			
Objetivos	Interacionais		
	(Meta)Linguísticos		
	Outros		
Materiais didáticos			
Equipamentos			
Procedimentos	Natureza	Duração estimada	Descrição
	Aquecimento		
	Revisão		
	Pré-teste (diagnóstico)		
	Diferenciação		
	Apresentação		
	Prática		
	Produção		
	Avaliação		
	Encerramento		
Ajustes realizados			
Tarefa de casa			
Reflexões e resultados			

Quadro 18: Proposta-rascunho para o planejamento de aulas de PLA e PLH

A ideia de haver uma regularidade na estrutura da aula traz aos estudantes e ao professor certa confiança e segurança, ainda que, sendo a sala de aula um sistema complexo, muitas imprevisibilidades possam entrar em cena. Planejar uma aula requer, dentre outros fatores, dedicação, criatividade, tempo de leitura e interesse nas pesquisas atuais sobre o ensino de línguas. A execução com sucesso de um planejamento ainda envolve outros aspectos, como os intervalos mais equiparados de turno de fala entre os estudantes na aula, a clareza nas instruções das atividades e o engajamento dos participantes no processo.

5.3 O papel do ensino de línguas mediado por computador

Quinta língua mais usada na internet, o português acompanha o ritmo das línguas da contemporaneidade sob influência dos mercados de consumo. Os espaços digitais parecem ser cada vez mais atrativos a quem quer aprender línguas, abrindo caminhos para relações multiculturais de contato linguístico. Blake (2011) considera que o termo Aprendizagem de Línguas Online (ALO)[16] pode se referir a diversos arranjos: uma aula em que a internet age como facilitadora, um curso híbrido ou aquele totalmente virtual. É fato que os aprendizes muito podem se beneficiar do Ensino de Línguas Mediado pelo Computador[17] (ELMC), mas, com o avanço das Tecnologias da Informação e Comunicação (TICs), pergunta-se: que lugar está reservado à aprendizagem de português e qual é o papel do professor diante dessas constantes reconfigurações?

Como língua minoritária nas diásporas, o português precisa lidar com a falta de incentivo das lideranças dos Estados e com as limitações do mercado editorial[18], que pouco interesse tem em injetar grandes investimentos em materiais que não trarão tanto retorno em termos numéricos, se comparados àqueles de outras fonias, como o inglês. É no suprimento da falta desse incentivo que o ELMC ganha a cena ao oferecer ao português recursos outrora negligenciados. Fora do contexto de imersão, estudantes de português em contexto internacional também precisam lidar com a falta de contato constante com o português fora do ambiente formal de aprendizagem. Assim, usar as TICs para essa finalidade pode contribuir para a criação de um relacionamento mais próximo com a língua.

Embora o ELMC tenha um aspecto autossuficiente e permita que o estudante seja colocado no centro do processo de desenvolvimento linguístico, os professores anseiam sobre a continuidade de seus postos de trabalho diante do não tão novo advento. Para isso, lembra-se que as TICs são apenas ferramentas que têm pouca ou nenhuma utilidade para o ensino se não houver por trás delas embasamento teórico, preparação, reflexão e testagem. Até mesmo um curso totalmente a distância requer professores para a elaboração curricular, a preparação de *syllabi*, a criação de lições e avaliações de desempenho. A maioria dessas ferramentas oferecidas pelas TICs foi outrora materializada em sala de aula em formatos impressos, como os dicionários, ou até mesmo eletrônicos, como o CD-ROM, já obsoleto diante dos aplicativos e páginas interativas na internet.

O ELMC pode ser eficaz para o desenvolvimento de línguas se também

---

[16] *Online Language Learning* (OLL)
[17] *Computer-Assisted Language Learning* (CALL)
[18] No apêndice deste capítulo, confira uma lista de recursos on-line para o desenvolvimento de materiais para PLA e PLH.

tiver em seus bastidores abordagens, métodos, currículos, *syllabi* e planejamentos. O papel do professor não deve ser diminuído ou menosprezado, muito pelo contrário. Com a popularização do desenvolvimento de línguas on-line, a aula presencial deve ficar cada vez mais valorizada e acessível apenas para grupos mais privilegiados (Blake, 2008).

Atividades e técnicas baseadas em abordagens como a Sociointeracionista e a Comunicativa podem encontrar nos meios digitais o contexto ideal para a sua concretização diante da possibilidade conjunta de construção de significado e do acesso a textos autênticos. Até mesmo a Abordagem Estruturalista tem espaço nas plataformas digitais de aprendizagem com exercícios mecânicos de feedback imediato. Kramsch (2013) debate uma série de prós e contras da CMC no ensino de línguas nas sociedades da atualidade:

Vantagens	Desvantagens
Contato direto com falantes da língua para a promoção de interação, sejam eles nativos ou não.	Ilusão de imediatismo semiótico e autenticidade cultural.
	Constrangimento on-line.
Acesso a ambientes culturais não necessariamente nacionais.	Superficialidade na investigação das diferenças culturais.
Formação e engajamento de comunidades on-line para a solução de problemas sociais.	Suprimento de demandas linguísticas efêmeras.
Criação de identidades híbridas que não são necessariamente reféns de intimidações sociais no mundo real.	Falhas na negociação de visões de mundo sobre eventos históricos.

Quadro 19: Efeitos da CMC no desenvolvimento linguístico da atualidade.
Fonte: Adaptação de Kramsch (2013, p. 70).

Os meios digitais são constantemente inovados e implicam a reconfiguração dos gêneros textuais, que flutuam de acordo com as novas modalidades de relacionamento social. Para estar a par dessas transformações, o professor precisa estar em constante formação. Os múltiplos letramentos digitais já têm sido pré-requisitos na contratação de professores em busca de trabalho.

A quantidade vertiginosa de textos autênticos aos quais os estudantes têm acesso na internet também servem de alerta para o papel crucial do letramento crítico no ensino de línguas. Para Brydon (2011), a contemporaneidade demanda habilidades avançadas de um letramento que abranja o pensamento crítico, assim como seu contexto, análise, adaptação e interação para dentro e fora das comunidades linguísticas. O desenvolvimento de habilidades linguísticas somado à formação de sujeitos conscientes e críticos, além de retomar a pedagogia crítica de Freire (1979), ao observar a educação como libertadora e reconstrutora, abre caminhos férteis para o engajamento dos aprendizes em questões sociais dos países de língua portuguesa. Não necessariamente é preciso estar envolto em uma territorialidade lusófona para atuar como protagonista nesses debates.

5.4 O ensino de Português para Falantes de Espanhol (PFE)

Área de pesquisa relativamente recente, o PFE teve início nos anos 1990. Além da publicação pioneira de Almeida Filho em 1995, intitulada *Português para Estrangeiros: Interface com o Espanhol*, Alonso (2017) aponta outros trabalhos que contribuíram para a consolidação do campo como área de estudos naquela década: *Português como Segunda Língua para Falantes de Espanhol*, de Cunha e Santos em 1998, e *Para acabar de vez com o Tratado de Tordesilhas*, organizado por Pinto e Júdice em 1998. Na década seguinte, Grannier publica, em 2000, *Uma proposta heterodoxa para o ensino de português a falantes de espanhol* e, em 2002, com *Português para falantes de espanhol: perspectivas de um campo de pesquisa*, Carvalho firma o PFE como área de conhecimento. Alonso (2017) indica ainda que a ascensão da área nos anos 2000 ocorreu com os encontros periódicos de professores e pesquisadores para a realização do SEPFE (Simpósio sobre o Ensino de Português a Falantes de Espanhol) e as publicações resultantes do evento. Na atualidade, os programas de pesquisa de universidades dentro e fora de países de língua portuguesa cederam ao PFE uma expressividade ainda mais consistente.

Diante da proximidade histórico-linguística do espanhol e do português, é preciso propor um ensino diferenciado para os aprendizes hispanofalantes. Pedagogicamente, isso indica uma percepção mais detalhada do professor na identificação de peculiaridades no desenvolvimento linguístico desses aprendizes. A princípio, o conhecimento dos hispanofalantes lhes cede o destaque de falsos iniciantes (Pagliucci, 1997). Há, na perspectiva de Grannier (2002), especificidades no ensino de PFE, pois, além de o processo de aprender ser aparentemente mais rápido, a fossilização e a intercompreensão são constantes. Para a identificação dessas e outras especificidades de maneira mais autônoma, propõe-se um perfil para o professor de PFE:

- Estudioso de publicações atuais sobre o ensino de PFE;
- Analista crítico de materiais didáticos, especialmente, dos não destinados a hispanofalantes;
- Aprendiz da língua espanhola;

- Conhecedor dos benefícios do ensino baseado na intercompreensão de línguas românicas;
- Explorador das diferenças fonéticas e fonológicas do português e do espanhol e do funcionamento fisiológico do aparelho fonador.

Contribuindo para a construção de um perfil de desenvolvimento de hispanofalantes aprendizes de português, Alonso (2012) aponta especificidades em dois planos de dimensão linguística: o estático e o dinâmico. Essas especificidades são a capacidade de compreensão alta, a percepção indiferenciada, o aproveitamento do espanhol, o conhecimento movediço, a capacidade de produção alta, as interferências do espanhol, a progressão rápida e a fossilização precoce, essas duas últimas pertencentes ao plano dinâmico e as demais, ao estático.

Em consonância com o posicionamento de Carvalho (2002), que chama a atenção para os malefícios do reducionismo do espanhol no ensino de português, convida-se o professor a se basear em métodos de aprendizagem mais positivos quanto às interferências do espanhol. Dado que as línguas têm passados históricos que se encontram ainda na Península Ibérica, conhecer esse ponto de início e entender o porquê de tamanha similaridade traz ao aprendiz uma consciência elucidadora no desenvolvimento da língua portuguesa. Além disso, lembra-se que falantes de outras línguas românicas terão, em maior ou menor grau, mais familiaridade com o português. Assim, como ativista de uma didática que parte do conhecimento prévio dos aprendizes, o professor que aposta em métodos de intercompreensão linguística podem ter muito êxito no ensino de PFE, especialmente, ao apresentar a língua nos contextos acadêmicos e profissionais, quando hispanofalantes precisam necessariamente da habilidade de leitura para a conclusão de seus cursos, teses e dissertações. Começar por essa habilidade pode ser um convite para desbravar a língua.

O método *EuroComRom – Os sete passadores* é excelente para se pensar no ensino de PFE, já que McCann, Klein e Stegmann (2003) consideram que nenhuma língua estrangeira é um território totalmente desconhecido pelos aprendizes. Buscar o desenvolvimento de outra língua não deve ser algo negativo, mas, sim, enriquecedor. Na mesma sociedade em que se tende a indicar que as interferências linguísticas são destrutivas, sabotando a autoconfiança dos aprendizes, o método *EuroComRom* parte da seguinte pergunta: quanto os estudantes não precisam aprender na aprendizagem da língua-alvo? Para desenvolver o que os autores chamam de competência receptiva, a leitura exerce um papel central, ao ser estimulada de forma diversificada e gradual. De maneira geral, o método da intercompreensão parte do conhecimento linguístico prévio dos estudantes em sete dimensões: o vocabulário internacional, o vocabulário românico, as correspondências sonoras, a pronúncia e a ortografia, as estruturas sintáticas, os elementos morfossintáticos e a exploração de prefixos e sufixos.

Sob a ótica interacionista, Grannier (2014) refuta a aplicabilidade da Abordagem Comunicativa no ensino de PFE e revisita sua proposta heterodoxa para hispanofalantes, publicada em 2002. A proposta em sua forma mais atual apresenta a relevância de atividades com foco na forma também de forma indutiva, a partir do uso de *input* proativo e modificado, e sua eficácia no ensino de PFE. Além disso, na produção de *output*, a autora observa a validade do desenvolvimento da habilidade escrita. Com base parcial no conceito de consciência metalinguística de Schimdt (2001), Grannier (2014) aponta ser necessário o debate sobre a percepção dos aprendizes, conectando forma[19], significado e contexto.

A proposta de Grannier (2014) de foco indutivo na forma consiste na análise de textos para a depreensão de regularidades linguísticas inconscientemente, assim, há o enfoque em questões gramaticais a partir do conteúdo do texto. Apesar do termo, o método não visa partir de regras gramaticais ou apresentá-las explicitamente. Uma das estratégias para concretização do método é o teste Cloze (Grannier & Carvalho, 2001), em que o aprendiz usa a habilidade de leitura na depreensão de significados e na escolha de palavras que possam fazer sentido em determinadas lacunas.

A) Leia o texto em espanhol e observe as similaridades. As palavras em **negrito** são as idênticas em espanhol e em português.

La lengua **portuguesa** *es una lengua romance.* **Como** *las demás* **integrantes** *del grupo,* **procede** *del latín* **vulgar, variante popular** *del latín que hablaban los* **soldados** *de las legiones* **romanas** *y que se distinguía del latín* **culto** *en* **determinados aspectos.** **Surge** *con entidad propia en el* **norte de Portugal** *y la Galicia española, (región noroccidental de la* **Península Ibérica***), desde donde se expandió a través del territorio que hoy* **configura Portugal.** *Se parece más al español* **que** *cualquier otra lengua románica, y a pesar de las diferencias gramaticales,* **fonéticas** *y* **léxicas** *que las separan,* **ambas se** *entienden.*
Como *el español, y otros* **idiomas** *del* **área,** *su* **léxico** *contiene gran número de* **arabismos,** *así* **como** *también* **helenismos** *y* **galicismos.** *También existen unas cuantas voces de origen fenicio, cartaginés y* **celta.** *La* **base** *de la lengua* **moderna culta** *la* **configura** *el dialecto* **de Lisboa. Portugal, Brasil,** *algunas islas del Atlántico (archipiélagos de* **Azores** *y* **Madeira**), **Angola,** *Mozambique, las antiguas colonias de* **África, Asia** *y* **Indonesia** *hablan portugués.*

Fonte: https://www.ecured.cu/Idioma_português

---

[19] Grannier (2014, p. 163) observa a forma como "algo de natureza complexa, que enfeixa os aspectos sistemáticos da estrutura linguística, tais como a forma das palavras, suas propriedades gramaticais, sua organização em enunciados e a entonação com que os enunciados são produzidos e também elementos paralinguísticos da produção oral como os gestos e as expressões faciais que reforçam a expressão de oposições significativas mais sutis."

B) Observe as recorrências e escreva as palavras abaixo em português. Depois reescreva o texto, traduzindo-o:

separan	*separam*	del		distinguía	*distinguia*
hablan	*falam*	y		legiones	*legiões*
existen		a pesar		entidad	*entidade*
hablaban		a través		galicia	*galícia*
entienden		propia		región	*região*
el origen		en el		noroccidental	*noroeste*
también		más		expandió	*expandiu*
latín		las/los		territorio	*território*
demás		de la(s)		diferencias	*diferenças*
donde		hoy		su	*seu/sua*
lengua		al		voces	*vozes*
dialecto		azores		islas	*ilhas*
mozambique		colonias		atlántico	*atlântico*
asia		portugués		archipiélagos	*arquipélagos*
otro(a)		gramaticales		cuantas	*quantas*
español		algunas		fenicio	*fenício*
una(s)		antiguas		cartaginés	*cartaginês*

C) Traduza o texto da letra B usando o vocabulário acima e o miniglossário ao final desta questão:

Quadro 20: Proposta de atividade baseada no método da intercompreensão para falantes de espanhol.

Na descrição do perfil do professor de PFE nesta seção, observou-se a importância de o professor ser aprendiz da língua espanhola. Ainda que a proficiência na língua não seja um fator obrigatório, a experiência de trabalhar com o ensino de PFE faz do professor também um aprendiz do espanhol que começa, em certo ponto, a formular suas hipóteses e a criar seus próprios métodos de ensino. Veja abaixo uma proposta de atividade para falantes de espanhol com base no método da intercompreensão proposta pelo grupo de pesquisa *Português e outras línguas românicas: desenvolvimento linguístico interseccional*, do Instituto Cultural de Ensino de Português para Estrangeiros:

A atividade apresentada pode ter muitas reconfigurações e consiste em uma proposta de depreensão com uma tradução como produto final. Apesar de não estar em posição muito favorável nas práticas de ensino da atualidade, a tradução apresenta funcionalidades para públicos-alvos específicos, como pesquisadores. Com tantas inovações na área de ensino de línguas, utilizar atividades de cunho mais estruturalista, como o preenchimento de lacunas, pode parecer um retrocesso e causar até certo autoconstragimento no professor, que, em constante formação, tende a rejeitar o uso de técnicas de ensino mais antigas. O que é importante nessa jornada é lembrar da validade de uma prática eclética consoante com os objetivos linguísticos dos estudantes. Atividades de percepção linguística, como os ditados, e aquelas de cunho mais estruturalista, como o preenchimento de lacunas podem, sim, ter espaço e serem produtivas no contexto de aprendizagem, especialmente no ensino de PFE.

5.5 O ensino de Português como Língua de Herança (PLH)

Antes de se entender as dimensões do ensino de português como língua de herança, é fundamental revisitar o conceito de diáspora. Inicialmente relacionado ao exílio dos judeus de sua terra natal e sua consequente dispersão, implicando opressão e degradação moral (Safran, 1991), na atualidade, não há consenso sobre o termo. De um lado, pesquisadores preferem mantê-lo apenas relacionado a grupos que experienciam alguma forma mais traumática de dispersão (Adamson, 2012). Uma concepção mais abrangente do termo, que inclui refugiados, exilados, imigrantes, expatriados e minorias étnico-raciais, como a de Shain e Barth (2003), observa a diáspora como um grupo de pessoas de origem comum que reside, com certa estabilidade, fora das fronteiras de suas terras-natais, sejam essas terras reais ou simbólicas. Sob essa ótica do termo, observaremos as implicações desses movimentos para as comunidades diaspóricas de língua portuguesa.

De acordo com Reto et al. (2018), mais de 5,3 milhões de cidadãos de países de língua portuguesa migraram para outros países. Veja a seguir os cinco principais países onde vivem os cidadãos de Estados-membros da CPLP

Angola	África do Sul (30.268)	Namíbia (33.980)	Portugal (35.147)	República Democrática do Congo (185.205)
Brasil	Espanha (99.725)	Itália (104.207)	Portugal (120.722)	Estados Unidos da América (347.968)
Cabo Verde	Angola (10.459)	Holanda (11.997)	França (22.292)	Portugal (76.090)
Guiné-Bissau	Cabo Verde (5.544)	Guiné-Conacri (11.011)	Gâmbia (12.328)	Senegal (28.501)
Guiné Equatorial	Congo (1.173)	Bélgica (2.461)	Nigéria (9.087)	Gabão (82.825)
Moçambique	Suazilândia (10.393)	Tanzânia (146.510)	Malawi (54.183)	África do Sul (449.710)
Portugal	Canadá (152.329)	Brasil (164.705)	Suíça (205.887)	França (713.158)
São Tomé e Príncipe	Reino Unido (1.028)	Guiné-Equatorial (1.493)	Gabão (4.213)	Portugal (18.952)
Timor-Leste	Grécia (217)	Portugal (1.663)	Reino Unido (2.008)	Indonésia (21.907)

Quadro 21: Diásporas lusófonas na atualidade. Fonte: Reto et al. (2018), Nações Unidas (2015) e Fundo das Nações Unidas para a Infância (2013)

Apesar dos números atuais, os movimentos migratórios desses e para esses países tiveram início há séculos. Na contemporaneidade, o fluxo tem acontecido em direções diferentes daquelas iniciadas no período das invasões portuguesas e refletido uma nova configuração familiar. Uma das maneiras mais naturais de manter um relacionamento estreito com as terras natais é estabelecer práticas linguísticas afirmativas em casa. Nem sempre é fácil resistir à pressão de uma língua majoritária, como o inglês, presente na maior parte das práticas de letramento formal, como no contexto escolar. Além disso, a ascensão da extrema-direita no globo tem reavivado os movimentos xenofóbicos, representando outra barreira na conscientização etnolinguística das novas gerações da diáspora, que crescem com duas faces, o ativismo de uma face étnica híbrida e o medo da perseguição sistêmica.

É na esfera comunitária da diáspora que o ativismo deve ganhar espaço para conscientizar as novas gerações sobre seus locais de fala. Assim, o ensino de PLH perpassa a esfera linguística, pois atua como força motriz no engajamento comunitário e nas políticas educacionais para grupos minoritários. Mas, afinal, o que é uma língua de herança? Nos Estados Unidos, o termo "língua de herança" tem sido usado por aqueles que investigam o estudo, a manutenção e a revitalização de outras línguas, que não o inglês, no país, abrangendo línguas indígenas ameaçadas ou aquelas faladas por imigrantes, não enfocadas nos contextos formais de aprendizagem (Valdés, 2001). O termo pode ainda se referir a pessoas que têm uma conexão pessoal com a língua (Fishman, 2001), não havendo, necessariamente, uma proficiência linguística. Na perspectiva da sala de aula, o estudante de língua de herança é aquele que cresceu em um lar onde a língua majoritária não era falada (Valdés, 2000) e que, em algum nível, é bilíngue na língua majoritária e na língua familiar.

Polinski e Kagan (2007) debatem a multiplicidade de termos relacionados às línguas de herança, concluindo que tamanha confusão terminológica é reflexo da falta de clareza entre os linguistas sobre essas línguas e seus falantes. Para as autoras, grosso modo, os *aprendizes de herança no sentido amplo* são aqueles com grande conexão cultural com uma língua, mas que, na educação formal, aprendem-na como segunda língua, ainda que haja uma herança motivacional. *Aprendizes de herança no sentido estreito*, por outro lado, apresentam certos níveis de competência linguística resultante do contato com a língua no contexto familiar, na maioria das vezes, único local de interação. Essa limitação de exposição apresenta aos falantes de herança uma variedade linguística mais familiar e, frequentemente, menos prestigiada e não promovida pela escola, pela literatura ou pela mídia. Na sala de aula, diante das diferenças entre o que é falado em casa e ensinado na escola, os professores precisam ter cuidado para não reforçarem a metáfora do copo meio-vazio ao penalizarem lacunas linguísticas (Polinksi e Kagan, 2007). De maneira positiva, é necessário valorizar o que falantes já sabem, resultado do contato familiar-exclusivo com a língua nos lares.

Muitas vezes, frequentando programas que ensinam português mesmo sem vistas a falantes de herança, o que é muito comum na educação superior, membros de comunidades lusófonas encontram uma equivalência identitária que reforça a concepção de pertencimento às suas histórias. Em uma esfera fora da educação formal, as famílias se reúnem em espaços públicos, como as bibliotecas, para promover rodas de leitura em português ou até mesmo criar escolas comunitárias[20]. Esses protagonistas, líderes e professores comunitários, na maioria das vezes, não tiveram acesso aos cursos de Letras no ensino superior, a cursos de formação de professores de português ou outra escolarização formal. Questiona-se: é melhor haver um programa para a difusão do português com sujeitos não especializados engajados nesse objetivo ou simplesmente não haver, devido à falta de formação acadêmica? A resposta a essa pergunta, apesar de soar retórica, vai de encontro com várias discussões sobre o ensino de PLA que descrevem o professor de português como um especialista na área.

Mesmo que haja muitos projetos de escolas comunitárias de português, grande parte dos membros das comunidades lusófonas nas diásporas têm baixa autoestima etnolinguística e carregam mitos que consideram o português uma ameaça na aprendizagem da língua majoritária. Com medo de os filhos terem empecilhos linguísticos pelo caminho, como tiveram muitos dos pais, é comum que a família use a língua majoritária para comunicação no lar. Boruchowski e Silva (2017, p. 13) desconstroem oito mitos sobre o bilinguismo com línguas de herança:

Mito	Refutação
1. A exposição da criança desde bebê a duas ou mais línguas causa atraso escolar, ou de desenvolvimento.	A literatura da área indica que pessoas que falam duas ou mais línguas têm mais desenvoltura no desempenho de tarefas e resolução de problemas.
2. A alfabetização deve ser primeiro na língua da escola e, depois, na de herança.	As similaridades entre o sistema de duas línguas são úteis para a construção de conhecimento na alfabetização.
3. O sotaque pode ser um empecilho.	Ter sotaque não indica uma barreira de comunicação, mas, sim, um traço identitário.

---

[20] Exemplos de iniciativas dessa natureza estão no Capítulo 2.

4. Quem sabe uma língua bem não faz uso da outra em concomitância.	A alternância de código é prática comum entre os bilíngues e pode ser indicador de proficiência e identidade.
5. Não se deve expor uma criança a mais de duas línguas.	Não há estudos ou orientações pedagógicas eficazes que limitem a quantidade de línguas faladas pelos indivíduos.
6. Crianças de um mesmo núcleo familiar terão o mesmo desenvolvimento linguístico na língua de herança.	Como sujeitos que traçarão trajetórias particulares, são a interação e a exposição à língua que moldarão o perfil de interesse de cada criança no português.
7. São bilíngues aqueles que têm fluência idêntica em duas línguas.	As proficiências em tópicos específicos são refletidas pelas práticas sociais de cada um. Bilíngues não têm a obrigatoriedade de dominar todos os temas de uma língua.
8. Só são verdadeiros aqueles bilíngues que aprenderam as línguas na infância.	Ao perder o contato com a língua de herança, é possível que as habilidades também se esvaiam. Por outro lado, é completamente possível aprender uma língua na idade adulta, a depender da conexão e da exposição a ela.

Quadro 22: Mitos sobre o bilinguismo com línguas de herança. Fonte: Adaptação de Boruchowski e Silva (2017, p.13), em *Mitos sobre o bilinguismo infantil.*

Para atender melhor às demandas desse público específico, é preciso conhecer seus perfis etnolinguísticos. Assim, a proposta de questionário neste capítulo pode ser adaptada e servir de ferramenta no diagnóstico desses falantes. Carreira (2004) aponta que uma falha no currículo para os falantes de herança é que esse tende a ser baseado em currículos de segunda língua. Por isso, a diferenciação deve ser também usada na prática de ensino do professor, na elaboração do *syllabus*, do plano de aula e das avaliações, especialmente, em turmas mistas que abranjam aprendizes de português como língua de herança e adicional.

Diante da diversidade implícita pelos números dos grupos diaspóricos dispostos no quadro do início desta seção, lembra-se que os falantes de herança da diáspora lusófona não formam grupos homogêneos. Mesmo com cursos destinados ao ensino de português como língua de herança, prática possível na educação comunitária, básica ou superior, há múltiplos níveis e proficiência em sala de aula, pois cada um dos aprendizes teve e tem contatos com a língua em níveis e âmbitos distintos. O que é mais importante no ensino de PLH é, para além do desenvolvimento de habilidades, aumentar a autoestima linguística desses sujeitos e conscientizá-los da utilidade pessoal e social da língua portuguesa, tornando-os, essencialmente, cidadãos sensíveis e respeitosos diante de suas histórias (Fernandes e Silva, 2019).

Quanto mais a comunidade estiver engajada e consciente sobre o valor e os benefícios do desenvolvimento do PLH, mais as novas gerações se beneficiarão do contato com a língua em situações mais formais de instrução. Apenas com as lideranças comunitárias é possível haver mudanças nas políticas linguísticas nacionais e locais, oferecendo a língua na educação pública básica, como ocorre nos Estados Unidos nas cidades de Tulare, na Califórnia, e Miami, na Flórida. Contudo, mesmo que o engajamento comunitário tenha peso, sem iniciativas formais e efetivas dos Estados-membros da CPLP e seus eixos de representação internacional, sejam eles centros culturais, embaixadas ou consulados, as iniciativas comunitárias perdem seu escopo. É apenas com o apoio, principalmente o financeiro, que eixos de formações de professores, celebrações culturais, rodas de leituras, palestras e organização de conselhos de cidadãos se concretizam.

5.6 A cultura nas salas de aula de PLA e PLH

Ao traçar uma trajetória sobre o lugar da cultura no ensino de línguas, Kramsch (2013) observa que, até 1970, o termo era elemento relacionado ao letramento ou às ciências humanas. Entre 1970 e 1980, com o surgimento da Abordagem Comunicativa, cultura se referia a estilo de vida e atitudes sociais conectadas a experiências e objetivos comuns. Nos dois períodos, a relação do termo com o conceito de nação era intrínseca, reafirmando as línguas nacionais homogêneas nos cotidianos dos cidadãos de um determinado país. Havia também a distinção entre Cultura e cultura, aquela mais tratada como produto de um letramento formal e canônico e essa, mais relacionada às interações em diferentes contextos sociais[21].

A complexidade na definição do termo *cultura* representa as múltiplas faces do fenômeno nas sociedades (Laraia, 2009). No ensino de línguas, há várias definições para cultura: (1) um conjunto de convenções sociais, crenças e valores (Hinkel, 1999); (2) uma dimensão do ser humano que é nutrida e renovada frequentemente ao absorver o fazer social (Mendes, 2004); (3) um elemento relativo relacionado à filiação de um grupo, compreensível em

---

[21] Para conhecer o percurso histórico do conceito de cultura tanto na Antropologia quanto no ensino de línguas, assim como os debates sobre abordagens de ensino de cultura, competência intercultural e conceitos relacionados, recomenda-se a leitura do trabalho de Isabela Abê de Jesus: *O professor de Português Língua Estrangeira como interculturalista em contexto de extensão universitária* (2015).

termos de outra (Levy, 2007); (4) o resultado de uma associação de ideologias, crenças e atitudes manipuladas e geradas por discursos de grupos de poder e formadores de opinião (Kramsch, 2011), dentre outras. Diante da interseccionalidade do termo nas ciências humanas, a definição de cultura de Bourdieu (1993) é bastante funcional. Para o estudioso, cultura é um espaço no qual um grupo se comunica, atua e evolui em termos de conhecimento e identidade. Esse espaço abrange a tradição de instituições, práticas, discursos, ideologias e comportamentos. Apesar da relação da definição do termo proposto por Bourdieu (1993) com o capital cultural, propõe-se uma extensão para além do espaço territorial, considerando-o também imaginário e transponível, como nos movimentos diaspóricos, por exemplo, em que os grupos sociais interagem, intra e interrelacionadamente, criam, convencionam e compartilham suas ideologias, crenças e saberes por meio das línguas.

De antemão, lembra-se que as abordagens e métodos mais atuais apresentam os materiais autênticos e a interação com propósito e significância como estratégias eficazes no ensino de línguas. É, portanto, por meio da construção social de significados que há o desenvolvimento linguístico. Esse contato com o outro requer uma dinâmica que, por meio das línguas, aborde temas como racismo, discriminação, violência de gênero, segregação social, dentre outros. A falta de entendimento da diversidade nas comunidades por parte de muitos professores leva ao reforço de estereótipos ou a não refutação deles, deixando-se passar a chance de estimular o senso crítico dos estudantes ao evitar tópicos que possam causar conflitos de opinião, como religião e política.

A questão que permeia a abordagem desses tópicos tão relevantes na contemporaneidade é: como ensinar cultura? Ora, se língua e cultura são tratadas indissociavelmente, se língua é cultura, a resposta pode vir em duas formas: (a) a cultura já está embutida em qualquer aspecto da língua ou (b) a cultura funciona como um elemento que deve ser adicionado em doses nas aulas ou nos materiais didáticos. Com o uso dos questionários de mapeamento etnolinguístico, é muito provável que o professor encontre como resposta a "por que você quer aprender português?" temas como samba e futebol. Até mesmo usando como entrada um tópico que possa soar reducionista e estereotipado, é possível abrir portas para discussões culturais mais profundas que revelem preferências pessoais ou questões sociais antes não conhecidas:

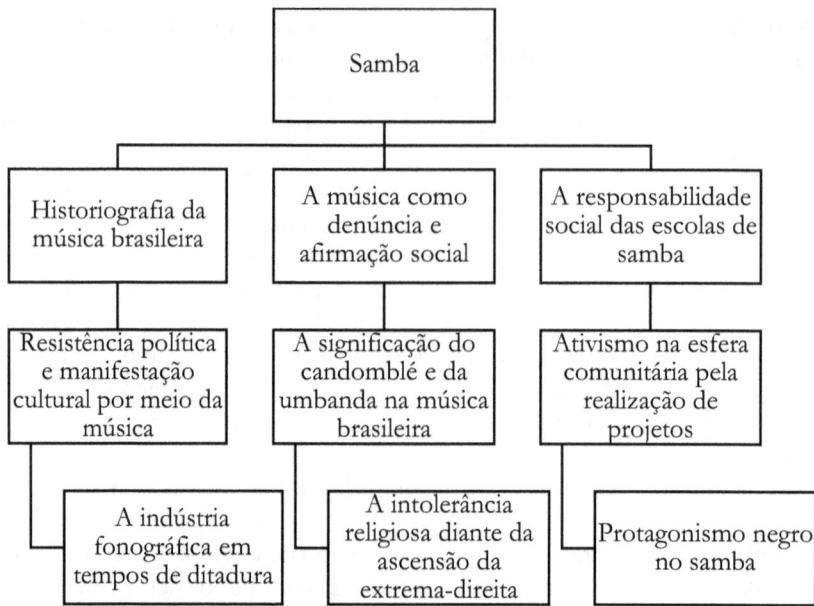

Figura 8: Proposta de mapa conceitual a partir de tópicos com tendência reducionista

Apesar de haver aceitação por parte dos professores quanto ao ensino de língua como cultura e à importância do estímulo da consciência crítica e histórica, há uma barreira no momento de implementar essas práticas por medo dos estereótipos (Kramsch & Byram, 2006). Kramsch e Byram (2006, p. 10) apresentam três tipos de estereótipos:

Categorização e modelos cognitivos	Avaliação de um grupo social	Mitos
Baseados nas maneiras convencionais de usar a língua, são reconhecidos na categorização presente em gêneros textuais. Por exemplo, o campo estado civil nos currículos profissionais no Brasil.	Generalização de características coletivas. Por exemplo, afirmar que brasileiros sempre dão um jeitinho.	Representações da memória coletiva. Exemplos: ditados populares e frases feitas.

Quadro 23: Os tipos de estereótipos. Fonte: Adaptação de Kramsch e Byram (2006, p. 10)

Por apresentarem naturezas diferentes, o tratamento desses estereótipos carece de abordagens distintas com uma reflexão explícita que não precisa partir necessariamente de um professor falante nativo, uma vez que o conhecimento cultural adquirido é fruto não apenas das interações orais, mas do contato com jornais, ensaios, livros e quaisquer outros produtos que deem ao professor o entendimento de locais de fala diferentes do seu próprio (Kramsch e Byram, 2006). O medo da reafirmação de estereótipos traz outras consequências. Por vezes, é possível que o professor pergunte: estou simplificando o material didático para ensinar português usando a cultura do meu contexto de ensino, ou estou ensinando a língua refletindo as culturas da língua-alvo (Kramsch, 1993)? É possível encontrar um equilíbrio entre as duas direções, já que a CMC abre portas para um diálogo entre as fronteiras físicas e digitais. Assim, com práticas discursivas transidiomáticas no mundo desterritorializado, há ganhos no compartilhamento de conhecimentos, discursos e da vida, de maneira geral (Moita Lopes, 2013).

Esse mundo desterritorializado é atrativo para os jovens, que veem nas línguas e culturas uma maneira de concretizarem seus sonhos (Kramsch, 2013). Com planos e ambições, os aprendizes de língua entendem e refletem sobre quem são justamente pelo encontro com o Outro, pois é sob ótica da outra cultura que uma cultura estrangeira é revelada com o contato entre os sentidos (Bakhtin, 1981).

Diante da constituição multicultural das salas de aula de português mundo afora, constata-se que a sala de aula de PLA e PLH é essencialmente uma experiência transcultural[22]. Por isso, nesses contextos, é fundamental que o aprendiz desenvolva sua competência intercultural[23], para agir como um mediador capaz de se engajar e interagir com identidades múltiplas e complexas, evitando estereótipos que, muitas vezes, são perpetrados por pessoas de identidade única (Kramsch, 1998).

Na prática, o conhecimento metalinguístico não tem serventia se o aprendiz não souber usar a língua para se engajar, comunicar, refletir e provocar mudanças na sua realidade. O ensino da cultura e a provocação da competência intercultural se fazem sumariamente importante na conscientização dos estudantes sujeitos que causem impacto no mundo por meio da língua, ainda que o ensino dela tenha, em muitos contextos, inclusive o acadêmico, pouco prestígio. Se a competência cultural dos estudantes é desenvolvida em conjunto com a comunicativa, o engajamento desses sujeitos dialogará com a diversidade em esferas que vão além do contexto de sala de aula.

É comum que o professor de línguas, especialmente, em salas de aula multiculturais, tenha dificuldades na mediação de conflitos pela falta de

---

[22] O termo transculturalidade é frequentemente abordado como interculturalidade, caracterizando-se como um campo dedicado ao entendimento das relações entre grupos nacionais, geográficos, étnicos ou ainda de classe ou gênero (Kramsch, 2001).

[23] Para Kramsch (2011), desenvolver a competência intercultural dos aprendizes vai além da tolerância e da empatia com o outro, pois abrange uma sensibilidade que perpassa as palavras e ações ao abranger mundos discursivos em que circulam valores e identidades culturais.

entendimento prévio sobre as culturas presentes na aula, o que é perfeitamente aceitável. Afinal, o professor também precisa desenvolver sua competência intercultural, geralmente moldada pela experiência adquirida nos contatos, ampliando seu repertório com programas de formação continuada, pesquisa e prática reflexiva. É importante ressaltar que os conflitos culturais na sala de aula vão além das relações interpessoais, pois podem se manifestar no relacionamento do aprendiz com os materiais didáticos, com os métodos de ensino, com o currículo escolar e as formas e critérios de avaliação. Por isso, ao ensinar em instituições de ensino fora daquelas em que tiveram suas formações, é fundamental que o professor se familiarize a aspectos da aprendizagem formal da cultura-alvo (Prodromou, 1992). São tópicos frequentes de conflito cultural no desenvolvimento linguístico:

- Os papéis de gênero;
- A linguagem corporal;
- A transposição de conflitos geopolíticos no relacionamento com os pares;
- As formas de polidez nas expressões verbal e não verbal;
- A independência no processo de desenvolvimento linguístico e os limites da ação do professor;
- O distanciamento no relacionamento entre professor e aluno;
- As preferências na configuração de pares e grupos;
- O valor dado à avaliação e à privacidade no desempenho;
- As preferências e hábitos de alimentação e vestimenta;
- As religiões;
- Os costumes e tradições;
- A consciência de classe;
- A percepção do humor.

A lista acima é infindável, assim como as configurações sociais. Para a solução de conflitos dessa natureza, na atualidade, a educação multicultural[24] é uma alternativa. Em um contexto sociopolítico, Nieto (2002) define educação multicultural como um processo de reforma de ensino que rejeita o racismo e outras formas de discriminação, dentro e fora do contexto formal de aprendizagem. A educação multicultural valida a pluralidade étnica, racial, religiosa, econômica, de gênero, dentre outras, que os próprios estudantes, o professor, o currículo ou a comunidade refletem. A concretização da

---

[24] Similar a interculturalidade, a multiculturalidade considera o convívio de diferentes culturas, mas também observa a busca de oportunidades para a solução de conflitos por meio da tolerância (Welsch, 1994).

educação multicultural considera quatro níveis:

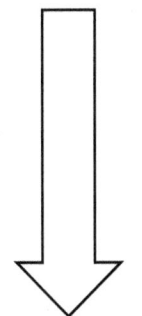

Tolerância: reconhecimento das diferenças, mas ainda sem encorajamento à diversidade.
Aceitação: legitimação das diferenças com encorajamento à sensibilidade multicultural.
Respeito: admiração e estima das diferenças e diversidade.
Afirmação, solidariedade e crítica: resolução de conflitos com base na equidade e na justiça social, diante dos inevitáveis contatos entre valores de grupos diversos.

Quadro 24: A práxis da educação multicultural. Fonte: Adaptação de Nieto (2002, p. 259).

A base da proposta de Nieto está na pedagogia crítica, que remete a Freire (1979), foca na reflexão e na ação, age como propulsora nas mudanças sociais e promove justiça social. Para isso, é fundamental que o professor se abstenha do medo das discussões culturais, que trazem reflexões, inclusive, à sua prática. Mesmo em níveis básicos, é possível discutir tópicos culturais observando a sala de aula em seu formato orgânico. Depois de ajustar a seleção dos temas de acordo com as demandas trazidas pelas discussões entre os pares, cabe aos estudantes a interpretação das informações com criticidade, respeito e tolerância. Kramsch (2013) lembra que o papel do professor de línguas nunca foi tão árduo, pois a contemporaneidade apresenta uma tensão no ensino de cultura que, de um lado exige a categorização de pessoas e eventos sob critérios modernos e, de outro, requer a consideração das mutações dos sujeitos diante de um mundo descentralizado.

Referências
Adamson, F. *Constructing the Diaspora: Diaspora Identity Politics and Transnational Social Movements.* In: T. Lyons & Peter Mandaville (eds.), Politcs from Afar: Transnational Diasporas and Networks. Columbia: Columbia University Press, 2012.
Almeida Filho, J. C. P. *Uma metodologia específica para o ensino de línguas próximas?* In: J. C. P. Almeida Filho (Org.) Português para estrangeiros interface com o espanhol. Campinas: Pontes, pp. 13-21, 1995.
Alonso Rey, R. *La transferencia en el aprendizaje de portugués por hispanohablantes.* Salamanca: Luso-Española de Ediciones, 2012.
Alonso, R. *Português para falantes de espanhol: aspetos chave na formação de professores.* In: Atas do V Simpósio Mundial de Estudos de Língua

Portuguesa – Formação do professor de PL2/PLE: perspectivas de lá e de cá. Universitá del Salento, pp-3534-3560, 2017.

Auerbach, E. R. *Competency-Based ESL: One Step Forward or Two Steps Back?* In: TESOL Quarterly, n. 20, v. 3, 1986.

Bakhtin, M. *The Dialogic Imagination: Four Essays.* Austin: University of Texas Press, 1981.

Blake, R. J. *Current Trends in Online Language Learning.* In: Annual Review in Applied Linguistics, n. 31, pp. 19-35, 2011.

_____. *Brave New Digital Classrooms: Technology and Foreign-Language Learning.* Georgetown: Georgetown University Press, 2008.

Boruchowski, I; Silva, G. In: Boruchowski, I. D.; Lico, A. L. *Como manter e desenvolver o português como língua de herança: sugestões para quem mora fora do Brasil.* Miami: Consulado-Geral do Brasil em Miami e MUST University, 2017.

Bourdieu, P. *The field of cultural production: Essays on art and literature.* Tradução de R. Johnson. Nova Iorque: Columbia University Press, 1993.

Brasil. Instituições Credenciadas no Ministério da Educação, 2019. Disponível em < http://portal.mec.gov.br/instituicoes-credenciadas>. Acesso em 14 de maio de 2019.

Brydon, D. *Global contexts, global needs: learning new literacies.* In: R. F. Maciel, V. A. Araujo (eds.), Formação de professores de Línguas: expandindo perspectivas. São Paulo: Paco Editorial, 2011.

Carreira, M. *Seeking Explanatory Adequacy: A Dual Approach to Understanding the Term "Heritage Language Learner".* Heritage Language Journal, n. 2, v. 1, 2004.

Carvalho, A. M. *Português para falantes de espanhol: perspectivas de um campo de pesquisa.* In: Hispania, n. 85, v. 3, pp. 597-608, 2002.

Clifford, J; Reisinger D. *Community-Based Language.* Georgetown: Georgetown University Press, 2019.

Corder, S. P. *Introducing Applied Linguistics.* Harmonds Worth: Penguin, 1973.

Cunha, M. J; Santos, P. (Orgs.). *Ensino e Pesquisa em Português para Estrangeiros – Programa de Ensino e Pesquisa em Português para Falantes de Outras Línguas (PEPPFOL).* Brasília: Edunb, 1999.

Ellis, R. *Task-based language teaching: Sorting out the misunderstandings.* In: International Journal of Applied Linguistics, v. 19, n. 3, pp. 221–246, 2009.

Fernandes, E. *Mapeamento de perfis acadêmicos e otimização do uso das plataformas Canvas e MyPortugueseLab no ensino do português universitário.* In: E. Fernandes, E. Brito & C. Cordeiro, Estratégias e materiais para o ensino de Português como Língua Estrangeira. Roosevelt: Boavista Press, 2019.

Fernandes, E.; Silva, R. O. *A adoção de uma abordagem eclética: da avaliação-diagnóstica à elaboração de um syllabus orgânico em turmas mistas com falantes/aprendizes de português como língua herança*. In: P. Osório & L. Gonçalves (Orgs.), O ensino de português como língua não materna: metodologias, estratégias e abordagens de sucesso. Rio de Janeiro: Dialogarts, 2019.

Fishman, J. A. *300-Plus Years of Heritage Language Education in the United States*. In: J. K. Peyton, D. A. Ranard & S. McGinnis (eds.), McHenry: Delta Systems Company, 2001.

Freire, P. *Conscientização: teoria e prática da libertação: uma introdução ao pensamento de Paulo Freire*. São Paulo: Cortez & Moraes, 1979.

Fundo das Nações Unidas para a Infância. *Migration Data*, 2013. Disponível em < https://data.unicef.org/resources/dataset/migration/>. Acesso em 11 de abril de 2019.

Grannier, D. M.; Carvalho, E. *Pontos críticos no ensino de português a falantes de espanhol - da observação do erro ao material didático*. In: Anais do III e do IV Congresso da SIPLE, Rio de Janeiro, 2001.

Grannier, D. M. *Uma proposta heterodoxa para o ensino de português a falantes de espanhol*. In: Português para estrangeiros: perspectivas de quem ensina. Niterói: Intertexto, 2000.

Grannier, D. M. *Uma proposta heterodoxa para o ensino de português a falantes de espanhol*. In: N. Júdice (Org.), Português para estrangeiros: perspectivas de quem ensina. Niterói: Intertexto, 2002.

Grannier, D. M. *Revisitando a proposta heterodoxa*. Estudios portugueses y brasileños, v. 12, pp. 161-176, 2014.

Halliday, M. A. K. *An Introduction to Functional Grammar*. London: Edward Arnold, 1985.

Hanna, G. S.; Dettmer, P. A. *Assessment for effective teaching: Using context-adaptive planning*. Boston, Pearson A&B, 2004.

Hinkel, E. *Introduction*. In: M. Long & E. Hinkel (eds), Culture in Second Language Teaching and Learning. Cambridge: Cambridge University Press, 1999.

Kramsch, C. *Culture in foreign language teaching*. In: Iranian Journal of Language Teaching Research, n. 1, v. 1, pp. 57-78, 2013.

_____, C. *The Symbolic Dimensions of the Intercultural*. In: Language Teaching, v. 44, n. 3, pp. 354-367, 2011.

_____, C.; Byram, K. *Why is it so difficult to teach language as culture?* In: The German Quarterly, n. 81, v. 1, pp. 20-34. 2006

_____, C. Intercultural communication. In: R. Carter, & D. Nunan (rds.), *The Cambridge Guide to Teaching English to Speakers of Other Languages*. Cambridge University Press, 2001.

_____, C. *Language and Culture*. Oxford: Oxford University Press, 1998.

_____, C. *Context and Culture in Language Teaching*. Oxford: Oxford University Press, 1993.

Laraia, R. B. *Cultura: um conceito antropológico*. Rio de Janeiro: Zahar, *2009.*

Li, P.; Sepanski, S.; Zhao, X. *Language history questionnaire: A Web-based interface for bilingual research*. In: Behavior Research Methods, v. 36, n. 2, pp. 202-210, 2006.

McCann, W. J.; Klein H. G.; Stegmann, T. D. *EuroComRom - The Seven Sieves: How to Read All the Romance Languages Right Away*. Aachen: Shaker, 2003.

Mendes, E. *Abordagem comunicativa intercultural (ACIN): uma proposta para ensinar e aprender língua no diálogo de culturas*. 2004. Tese DE Doutorado em Linguística Aplicada. Universidade Estadual de Campinas, 2004.

Miller, C. *Genre as social action*. Quarterly Journal of Speech, n. 70, pp. 151-167, 1984.

Moita Lopes, L. P. *Ideologia linguística: como construir discursivamente o português no século XXI*. In: Português no século XXI: ideologias linguísticas, Moita Lopes, Luis Paulo da. (Org.). São Paulo: Parábola, 2013.

Mooney, L. A; Edwards, B. *Experimental learning in sociology: Service learning and other community-based learning initiatives*. In: Teaching Sociology, n. 29, v. 2, pp. 181-195, 2001.

Nações Unidas. *Migração Internacional*, 2015. Disponível em < https://www.un.org/en/development/desa/population/migration/data/index.asp>. Acesso em 23 de abril de 2019.

Nicol, D. J.; Macfarlane-Dick, D. *Formative assessment and self-regulated learning: a model and seven principles of good feedback practice*. In: Studies in Higher Education, n. 31, v. 2, pp. 199-218, 2006.

Nieto, S. *Language, Culture, and teaching: Critical perspectives for a new century*. Mahwah: Lawrence Erlbaum Association, 2002.

Pagliuchi, R. C. *Ensino de língua portuguesa para hispano-americanos: leitura e léxico*. In: N. M. Judice (Org.) Ensino de português para estrangeiros. Niterói: Eduff, 1997.

Pica, T. *Task-Based Teaching and Learning*. In: B. Spolsky & H. Francis (eds.), The Handbook of Educational Linguistics. Nova Jersey: Blackwell, 2008.

Pinto, P. F.; Júdice, N. (coord.). *Para acabar de vez com Tordesilhas*. Lisboa: Colibri, 1998.

Polinsky, M.; Kagan. O. *Heritage languages: In the 'wild' and in the classroom*. Language and Linguistics Compass, n. 1, v. 5, pp. 368-395, 2007.

Portugal. *Agência de Avaliação e Acreditação do Ensino Superior*, 2019. Disponível em < https://www.a3es.pt>. Acesso em 22 de junho de 2019.

Prideaux, D. *ABC of learning and teaching in medicine: Curriculum design*. In: British Medical Journal, n. 326, pp. 268–270, 2003.

Prodromou, L. What culture? Which culture? Cross-cultural factors in language learning. *ELT Journal*, 46(1), 39-50, 1992.

Reto, L. A.; Machado, F. L.; Esperança, J. P. *Novo Atlas da Língua Portuguesa*. Lisboa: Imprensa Nacional, 2018.

Richards, J. C. *Curriculum Approaches in Language Teaching: Forward, Central, and*

Backward Design. In: RELC Journal, n. 44, v. 1, pp. 5-33, 2013.
_____. *Communicative Language Teaching Today.* Cambridge: Cambridge University Press, 2006.
Safran, W. *Diasporas in Modern Societies: Myths of Homeland and Return.* In: Diaspora: A Journal of Transnational Studies, n. 1, v. 1, pp. 83–99, 1991.
Schmidt, R. *Attention.* In: P. Robinson (ed.), Attention and Second Language Instruction. Nova Iorque: Cambridge University Press, pp. 3-33, 2001.
Shain, Y.; Barth, A. 2003. *Diasporas and International Relations Theory.* In: International Organization, n. 57, v. 3, pp. 449–79, 2003.
Stiggins, R. *Assessment Through the Student's Eyes.* In Educational Leadership, n. 8, v. 64, pp. 22-26, 2007.
Stoller, F. *Establishing a theoretical foundation for project-based learning in the second and foreign language contexts.* In: G. Beckett & P. Miller (eds.), Project-based second and foreign language education. Greenwich: Information Age Publishing, 2006.
Tomlinson, B. *Materials development for language learning and teaching.* In: Language Teaching, Cambridge University Press, n. 45, v. 2, pp. 143-179, 2017.
Valdés, G. *Heritage language students: Profiles and possibilities.* In: J. K. Peyton, D. Ranard, & S. McGinnis (eds.), Heritage languages in America: Preserving a national resource. McHenry: Delta Systems Company, 2001.
Valdés, G. *Teaching heritage languages: An introduction for Slavic-language-teaching professionals.* In: O. Kagan & B. Rifkin (eds.), Learning and teaching of Slavic languages and cultures: Toward the 21st century. Bloomington: Slavica, 2000.
Wiggins, G.; McTighe, J. *Understanding by Design: A Framework for Effecting Curricular Development and Assessment.* Alexandria: Association for Supervision and Curriculum Development, 2006.
Willis, D. and Willis, J. *Doing task-based teaching.* Oxford: Oxford University Press, 2007.

Amostra de páginas e recursos on-line para PLA e PLH

Nome da página
Endereço
Categoria
Variedade(s) linguística(s)
Público-alvo

Aldeia da Lusofonia
https://aldeiadalusofonia.com/
Acervo cultural
Perspectiva pluricêntrica
Geral

Biblioteca Virtual de Cordel
http://cordel.edel.univ-poitiers.fr
Acervo literário
Português brasileiro
Geral

Brasileirinhos
https://brasileirinhos.wordpress.com
Blog
Português brasileiro
Família brasileiras na diáspora e professores de PLH

Brazilian Pod Class
https://podcasts.apple.com/us/podcast/learn-portuguese-brazilianpodclass/id261185732
Podcast
Português brasileiro
Aprendizes de PLA

Conjuguemos
https://conjuguemos.com
Prática autônoma
Português brasileiro e europeu
Professores e aprendizes de PLA e PLH

Editora Porto – Conversor do Acordo Ortográfico
https://www.portoeditora.pt/lingua-portuguesa/conversor-acordo-ortografico
Conversor ortográfico
Perspectiva pluricêntrica
Geral

Fun with Brazilian Portuguese
https://funwithbrazilianportuguese.com/blog/
Blog
Português brasileiro
Aprendizes de PLA

Hãçkíng Portuguese
http://hackingportuguese.com
Blog
Português brasileiro
Aprendizes de PLA

Instituto Camões: Atividades Didáticas
https://www.instituto-camoes.pt/activity/centro-virtual/atividades-didaticas
Prática autônoma
Português europeu
Aprendiz de PLA

Instituto Camões: Cursos Gerais de Português
https://www.instituto-camoes.pt/en/activity-

camoes/online-services/trainees/portuguese-everyday-language
Prática autónoma
Português europeu
Aprendiz de PLA

Instituto Cultural de Ensino de Português para Estrangeiros
http://blog.icepebrasilia.com.br/blog/wordpress/
Blog
Português brasileiro
Professores e aprendizes de PLA

iSpraak
https://www.ispraak.com
Automatizador de pronúncia
Perspectiva pluricêntrica
Professores e aprendizes de PLA e PLH

Lince – Conversor para a Nova Ortografia
http://www.portaldalinguaportuguesa.org/?action=lince&page=present
Conversor ortográfico
Perspectiva pluricêntrica
Geral

Localingual
https://www.localingual.com/
Acervo linguístico
Perspectiva pluricêntrica
Geral

Museu da Língua Portuguesa
https://museudalinguaportuguesa.org.br/
Acervo linguístico
Perspectiva pluricêntrica
Geral

Museu Virtual da Lusofonia
http://www.museuvirtualdalusofonia.com
Acervo linguístico
Perspectiva pluricêntrica
Geral

Plataforma 9
https://plataforma9.com
Notícias
Perspectiva pluricêntrica
Geral

Plataforma de Português Online
https://pptonline.acm.gov.pt
Prática autónoma
Português europeu
Aprendiz de PLA

Portal do Professor de Português Língua Estrangeira
http://www.ppple.org
Propostas didáticas
Perspectiva pluricêntrica
Professores de PLA e PLH

Rede Brasil Cultural: Lições Brasileiras
http://redebrasilcultural.itamaraty.gov.br/material-didatico
Propostas didáticas
Português brasileiro
Professor de PLA e PLH

Semântica
http://www.semantica-portuguese.com/
Videocast
Português brasileiro
Aprendizes de PLA

Street Smart Brazil
https://streetsmartbrazil.com/blog/

Blog Português brasileiro Aprendizes de PLA	Aprendizes de PLA **Universidade do Texas –** *Portuguese Communication Exercises* http://www.laits.utexas.edu/orkelm/ppe/intro.html Videocast Português brasileiro Aprendizes de PLA
Universidade do Texas – Clica Brasil http://laits.utexas.edu/clicabrasil/ Propostas didática/Prática autônoma Português brasileiro Professores e aprendizes de PLA e PLH	
Universidade do Texas – Conversa Brasileira http://coerll.utexas.edu/brazilpod/cob/ Videocast Português brasileiro Aprendizes de PLA	**Universidade do Texas – Tá Falado** http://coerll.utexas.edu/brazilpod/tafalado/ Podcast Português brasileiro Aprendizes de PLA
Universidade do Texas – Língua da Gente https://linguadagente.coerll.utexas.edu Podcast Português brasileiro	**Vocabulário Ortográfico Comum da Língua Portuguesa** http://voc.cplp.org Acervo linguístico Perspectiva pluricêntrica Geral

CAPÍTULO 6
AVALIAÇÕES DE PROFICIÊNCIA
EM PORTUGUÊS

6.1 A trajetória das avaliações de proficiência e seus desdobramentos na sociedade contemporânea

Ao traçar uma linha do tempo sobre exames de proficiência, Spolsky (2008) relata que os primeiros tinham interesse em avaliar a competência linguística em alguma de suas seções. Essas avaliações surgiram no Império Chinês, que durante 2000 anos utilizou a testagem sem interesse no sistema educacional, mas, sim, na seleção de cargos governamentais e, mais tarde, na composição de uma elite. Já na era medieval, o exame *Treviso* avaliava estudantes do norte da Itália sob a supervisão da prefeitura da cidade, que oferecia recompensas às escolas de acordo com o sucesso de aprendizagem dos alunos. No século XVI, as noções dos exames chineses foram trazidas à Europa, inclusive a Treviso, para promover um controle curricular.

As escolas cristãs nos séculos XVII e XVIII passaram a avaliar os alunos regularmente para checagem do sucesso e da eficiência do currículo. Na Revolução Francesa, os exames passaram a estar sob a supervisão de departamentos mais acadêmicos, que controlavam a testagem de acordo com as necessidades do governo de Napoleão. Também no século XVII, a Marinha Britânica apresentava traços dos exames imperiais chineses na avaliação oral de tenentes. No século XIX, os exames ingleses já avaliavam e selecionavam candidatos para Oxford e Cambridge, estudantes de escolas básicas, além de servirem de instrumento para o Serviço Civil inglês. No século XX, com o desenvolvimento de técnicas mais objetivas, a avaliação transcendeu o meio escolar britânico com o exame *Eleven* e os testes de inteligência do governo estadunidense na Primeira Guerra Mundial. A nova fase comercial dos exames, universalizada no pós-Segunda Guerra, retomava uma velha face de avaliação, comum no *Treviso*: a compensação ao professor deveria se dar de acordo com o sucesso de seus alunos (Spolsky, 2008).

A competência linguística era majoritariamente avaliada por técnicas de tradução e redação. Mais tarde, os exames passaram a apresentar atividades de compreensão. Spolsky (2008) lembra que já havia a necessidade de avaliação das habilidades orais ainda no século XVI, como na Universidade de Cambridge, mas os exames de proficiência à época apresentavam dificuldades nos critérios de avaliação em larga-escala (Spolsky, 1990). Contudo, o surgimento de demandas, como a do sistema diplomático estadunidense, por exemplo, requeria a estruturação de testes padronizados, econômicos e eficazes para a avaliação de habilidades orais no século XX. Primeiramente baseados no sistema de Princeton e Cambridge, os exames de proficiência eclodiram na criação de um campo de estudos na década de 1960. Para entender os estágios do campo no século XX, observe:

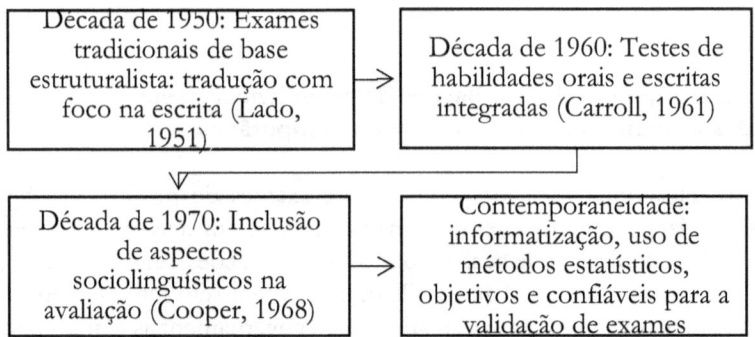

Figura 2: Estágios do desenvolvimento de exames de proficiência no século XX. Fonte: Adaptação de Spolsky (2008, p. 13).

Dentre os tópicos mais discutidos na atualidade sobre exames de proficiência, estão sua validade e confiabilidade, na tentativa de prever o impacto e a relevância dos testes. Scaramucci (2009) aponta que, tradicionalmente, a validade era definida como um aspecto dos testes ou parâmetro de aceitabilidade. Na atualidade, validade é um conceito central, relacionando a confiabilidade do teste a evidências que responsabilizam todos os sujeitos envolvidos no processo de testagem, assim como as consequências desse processo (Chapelle, 1999). Outro debate significante hoje é a validação de construto[25], na intenção de construir um modelo teórico de medição de habilidades que contribua para que as questões dos testes realmente avaliem os aspectos de um construto (Vidakovic & Galaci, 2013 *apud* Spolsky, 2015).

Mesmo diante de uma trajetória secular, ainda há lacunas no desenvolvimento dos exames de proficiência, o que parece alarmante diante dos requerimentos acadêmicos e corporativos trazidos pela globalização. Uma das grandes intempéries na avaliação dos participantes está na definição

---

[25] Para construto, adota-se a definição de Brown (2004, p. 9): "atributo, proficiência ou habilidade que acontece no cérebro humano". Para uma discussão mais detalhada acerca das noções de validade de construto, sugere-se a leitura de Bachman (1990, 2000).

do que é ser proficiente, pelo uso indiscriminado do termo em contextos especializados ou não e pelas variáveis relacionadas ao fenômeno, que não apresenta, de fato, um conceito absoluto, mas, sim, relaciona-se a várias proficiências a depender das situações comunicativas (Scaramucci, 2000).

As dificuldades de delimitação terminológica acompanham aquelas encontradas no estabelecimento de escalas que considerem particularidades e generalidades no desenvolvimento de uma segunda língua. Um exemplo de estabelecimento de escala para a organização de níveis de proficiência é o *Quadro Comum Europeu de Referência para Línguas*, publicado em 2001 pelo Conselho da Europa, depois de uma década de estudos propostos inicialmente pela Suíça. São três categorias subdivididas em dois níveis cada, que buscam oferecer uma escala mais global na avaliação de línguas:

Falante básico	A1 - Iniciante	O aprendiz consegue compreender, perguntar e responder conteúdos básicos, assim como interagir, ajudar outros falantes e usar expressões do dia a dia para expressar necessidades.
	A2 - Básico	O aprendiz se comunica em situações cotidianas, troca informações, descreve tópicos familiares, entende enunciados e expressões de relevância mais imediata.
Falante independente	B1 - Intermediário	O aprendiz consegue produzir textos simples, descrever experiências e expectativas, e entender pontos importantes em discussões ligadas à vida cotidiana.
	B2 - Usuário independente	O aprendiz interage com certa fluência e espontaneidade, produz textos claros e detalhados sobre determinados tópicos, apresenta opiniões e entende ideias centrais em textos mais complexos, como em seu campo de interesse.
Falante proficiente	C1 - Proficiência eficaz	O aprendiz produz textos bem estruturados sobre temas mais complexos, expressa-se de maneira mais espontânea ao usar a língua para fins pessoais ou profissionais, além de entender textos mais longos com significados implícitos.
	C2 - Domínio pleno	O falante se expressa fluentemente em situações complexas, consegue resumir informações oriundas de diferentes fontes, reconstruir argumentos de forma coerente e entender tudo que escuta e lê.

Quadro 8: Tradução-resumo adaptada do Quadro Comum de Referências para as Línguas; Aprendizagem, Ensino e Avaliação.

O Conselho Americano de Ensino de Línguas Estrangeiras[26] também tem diretrizes para os níveis de proficiência. Inicialmente publicado como uma adaptação para a comunidade acadêmica da Mesa-Redonda da Interagência de Línguas do governo dos Estados Unidos da América[27], sua última edição

---

[26] *American Council on the Teaching of Foreign Languages* (ACTFL).
[27] *U.S. Government's Interagency Language Roundtable* (ILR).

foi publicada em 2012 e sugere quatro níveis, também divididos em subníveis, organizados em um continuum:

Principiante (inferior, médio e superior)	O falante pode se comunicar com palavras ou enunciados simples extraídos de materiais memorizados.
Intermediário (inferior, médio e superior)	O falante consegue criar conteúdos com a língua, perguntando e respondendo simples questionamentos sobre temas familiares, além de se comunicar em situações simples.
Avançado (inferior, médio e superior)	O falante consegue narrar e descrever situações no passado, no presente e no futuro, além de ter desenvoltura em situações ou transações mais complexas.
Superior	O falante pode apoiar opiniões, hipotetizar, discutir tópicos abstratos e ter desenvoltura ao lidar linguisticamente com situações inesperadas.

Quadro 9: Tradução-resumo adaptada do documento original para delimitação de proficiência do ACTFL

As orientações do Conselho da Europa e do Conselho Americano de Ensino de Línguas Estrangeiras são úteis tanto para a classificação de exames de proficiência, quanto para a delimitação de *syllabi* de cursos e materiais didáticos, além de servirem como ferramenta para exames de proficiência e autoclassificações por parte dos aprendizes. As propostas não têm por objetivo ditar como as línguas são aprendidas. Contudo, a tentativa de simplificar as múltiplas competências e proficiências desses sujeitos também prejudica o aspecto autêntico e não linear da aprendizagem de línguas e, consequentemente, da preparação de testes.

McNamara (2000) aponta que mesmo com tentativas de trazer a realidade para o contexto de avaliação, a situação comunicativa não é real, por ter o objetivo de examinar as competências dos participantes. Discussões mais atuais debatem desdobramentos como o poder social dos exames de proficiência, ao se investigar, por exemplo, o uso desses testes para controle social na identificação étnica de migrantes (McNamara, 2005), por isso, Spolsky (2015) reforça a necessidade do desenvolvimento de códigos de ética na especialidade. Outros fatores como a diversidade linguística e a consideração de proficiência de falante nativo diante da desterritorialização das línguas também têm ganhado protagonismo nas discussões da contemporaneidade, simbolizando ganhos à Linguística Aplicada e, de maneira geral, à humanização do desenvolvimento linguístico e suas múltiplas vertentes.

6.2 Certificado em Língua Portuguesa para Estrangeiros (CELPE-BRAS)

Uma das políticas de promoção da língua portuguesa do Brasil, o Exame Celpe-Bras foi idealizado por um grupo de professores que já trabalhava com o ensino de português para falantes de outras línguas em várias universidades brasileiras. Em entrevista a Diniz (2008), Matilde Scaramucci, Professora da Universidade Estadual de Campinas (Unicamp), menciona que, em 1993, por meio de uma portaria do Ministério da Educação do Brasil, oficializou-se a necessidade da criação de um exame de proficiência do português brasileiro em parceria com a Divisão de Assuntos Internacionais do mesmo ministério. Scaramucci comenta que desde o fim dos anos 80 já era de interesse da comunidade docente de língua portuguesa que houvesse um exame oficial para fins de proficiência. Criou-se, então, uma comissão composta por professores-pesquisadores interessados na internacionalização da língua portuguesa. Estavam na equipe a entrevistada, Percília Santos e Jandyra Cunha (UnB), José Carlos Paes de Almeida Filho (Universidade Estadual de Campinas - Unicamp), Raquel Ramalhete (Universidade Federal do Rio de Janeiro - UFRJ), Francisco Gomes de Matos (Universidade Federal de Pernambuco - UFPE) e Margareth Schlatter (Universidade Federal do Rio Grande do Sul - UFRGS). Na mesma entrevista, Scaramucci relembra que o exame teve por base outro exame interno da Unicamp, com fins similares, que também contou com contribuições da professora Leonor Lombello.

Diniz (2008) afirma que os documentos oficiais com o histórico do Exame Celpe-Bras e o Manual do Participante[28] não mencionam a jornada extraoficial em questão justamente para ceder ao instrumento uma aparência pertencente ao Estado. Com a publicação do Documento-Base do Exame Celpe-Bras (Inep, 2020), há um resgate oficial da história do Exame no âmbito do Estado, partindo da portaria-gênese que o instituiu em 1994 até a transição da sua gestão do MEC para o Inep em 2010.

A primeira aplicação do exame Celpe-Bras aconteceu em 1998. Pela análise quantitativa do Inep, o número de participantes inscritos no exame é frequentemente ascendente, já que na primeira aplicação, em 1998, houve 127 participantes e hoje as inscrições passam de 10.000 anualmente (Inep, 2020). Elaborado por uma Comissão Técnico-Científica selecionada por chamada pública, o exame é oferecido duas vezes ao ano em 40 instituições brasileiras e 64 fora do Brasil. Cada Posto Aplicador pode estabelecer seu o valor de taxa de inscrição, que não deve ultrapassar o valor estabelecido pelo

---

[28] *Participante* é termo preferido pelo Inep para se referir aos inscritos no exame, assim informado em formações de avaliadores e nos documentos oficiais.

Inep. A receita da aplicação do exame fica nos Postos Aplicadores, que não têm ônus para a administração. Uma das peculiaridades do Exame Celpe-Bras é a sua validade oficial vitalícia.

A cada edição do exame, os avaliadores da parte oral, os aplicadores da parte escrita e os coordenadores precisar cursar e ser aprovados em um curso on-line, administrado pelo Cebraspe (Centro Brasileiro de Pesquisa em Avaliação, Seleção e Promoção de Eventos), também gerenciador da impressão e das distribuições de provas. A página oficial do Inep disponibiliza as portarias, os editais e o Manual do Participante e o Documento-Base do Exame Celpe-Bras. Contudo, o maior banco de dados do exame é organizado pelo Grupo Avalia[29] (Avaliação de Uso da Linguagem), que realiza com primor o trabalho de digitalização, organização e categorização das tarefas do exame, além de atuar com protagonismo nas pesquisas e publicações referentes à avaliação.

O exame é constituído por uma parte escrita, composta por quatro tarefas e aplicada coletivamente, com duração de três horas, e uma parte oral, individual, que consiste em uma entrevista guiada por Elementos Provocadores e um Roteiro de Interação Face a Face. São componentes da grade de avaliação da parte oral do exame a adequação gramatical, a adequação lexical, a pronúncia, a fluência e a competência interacional e compreensão oral. Já na parte escrita, avaliam-se as adequações linguística, contextual e discursiva. Tanto na parte oral quanto na parte escrita, é usado o sistema de média de notas para o resultado, considerando-se o menor nível alcançado em uma das partes. A parte escrita, corrigida por oito avaliadores, indica o resultado definitivo, sendo sua nota determinante para a certificação. São certificados participantes com nível intermediário, intermediário superior, avançado e avançado superior. A certificação conferida aos participantes não tem relação com os critérios do Quadro Comum Europeu de Referência para Línguas, por contar com uma elaboração própria baseada em pesquisas nacionais sobre o Exame.

Com caráter dinâmico e avançado desde a sua gênese, Sobrinho (2004) aponta que o exame difere de outros da atualidade por sua visão pragmática e discursiva na avaliação integrada das quatro habilidades linguísticas, apresentando validade devido ao seu diálogo constante com a Estatística e a Linguística Aplicada. O foco do exame em tarefas de base comunicativa e intercultural abre caminhos para que o participante use a língua de maneira interativa. Diante dos desdobramentos político-sociais do Celpe-Bras, discute-se nos estudos de PLA seu efeito retroativo e implicações na aprendizagem dos alunos e na formação de professores. Debates sobre o efeito retroativo no desenvolvimento linguístico estão disponíveis nas publicações de Almeida (2012), Costa (2018) e Scaramucci (2004). Confira a

---

[29] https://www.ufrgs.br/grupoavalia/

distribuição de tempo no Celpe-Bras:

Momento de avaliação	Tempo destinado
Parte Escrita (coletiva)	180 minutos
Parte Oral (individual)	20 minutos

6.3 Os exames do Centro de Avaliação e Certificação de Português Língua Estrangeira (CAPLE)

Em Portugal, o Centro de Avaliação de Português Língua Estrangeira (CAPLE), sediado atualmente na Faculdade de Letras da Universidade de Lisboa (FLUL), desenvolve e administra os exames de certificação em língua portuguesa. De acordo com o Despacho n.º 3305/2015 do Diário da República Portuguesa, o CAPLE, como implementação do Sistema de Avaliação e Certificação de Português Língua Estrangeira (SACPLE), foi criado em 1999, em protocolo conjunto entre o Ministério dos Negócios Estrangeiros, na esfera do Instituto Camões, em parceria com o Ministério da Educação e Ciência, na esfera da Direção-Geral de Educação, e a Universidade de Lisboa. A integração do CAPLE como unidade da Faculdade de Letras da Universidade de Lisboa se deu em 2015, justificada pela necessidade de otimização da estruturação e funcionamento do sistema de avaliação para haver mais integração com as entidades que cofundaram o SACPLE. Além disso, a autonomia científica da Universidade de Lisboa é fator propulsor para as atividades de pesquisa, avaliação e certificação requerida pela comunidade de PLE[30]. O Despacho de 31 de março de 2015 também apresenta os Estatutos do CAPLE, com suas respectivas atribuições, parcerias, organizações e funcionamento. Dentre as atribuições da CAPLE, estão:
a) A produção de exames de PLE, a avaliação dos candidatos, a emissão dos certificados;
b) A tarefa de aplicação e validação do exame;
c) O incentivo à cooperação intra e internacional com instituições de ensino também para a produção de materiais e certificação de profissionais de língua portuguesa;
d) A promoção de eventos e projetos na área de PLE;
e) A criação e a manutenção de uma base de dados pra a criação de exames e projetos de pesquisa.

O CAPLE tem parcerias com instituições nacionais e internacionais, com o Conselho da Europa, com a *Association of Language Testers in Europe* (ALTE), na qual a Universidade de Lisboa atua como membro-fundador, e com a *European Association of Language Testing and Assessment* (EALTA). Assim como

---

[30] Termo preferido pelo CAPLE.

o Celpe-Bras, o CAPLE também se constitui por uma Comissão Científica, entretanto, a nomeação do diretor do centro é tarefa da FLUL. O CAPLE funciona com receita própria e dispõe ainda de uma Comissão Executiva para a elaboração de planos e relatórios de atividades e contas, e de uma Comissão Consultiva, para a regulamentação de Centros de Exames, calendários de provas, estabelecimento de taxas de inscrição globais e temas mais relacionados ao SACPLE.

A definição de níveis de certificação dos exames da CAPLE é baseada no Quadro Comum Europeu de Referências para as Línguas. Dessa forma, para cada nível delimitado pelo Conselho da Europa, há um certificado específico. Nesses exames, avaliam-se as habilidades linguísticas de maneira mais isolada, com seções separadas que variam de 20 a 120 minutos:

	ACESSO	CIPLE	DEPLE	DIPLE	DAPLE	DUPLE
Compreensão de Leitura	40 minutos	75 minutos	30 minutos	75 minutos	90 minutos	120 minutos
Produção e Interação Escritas			60 minutos	75 minutos	90 minutos	105 minutos
Compreensão Oral	25 minutos	30 minutos	40 minutos	40 minutos	40 minutos	50 minutos
Produção e Interação orais	15 minutos	15 minutos	20 minutos	20 minutos	20 minutos	20 minutos

Quadro 10: Delimitação de tempo dos exames do CAPLE

Na avaliação final, os candidatos[31] podem receber três classificações: **muito boa** (entre 85% e 100%), **boa** (entre 70% e 84%) ou **suficiente** (entre 55% e 69%). Há exames específicos para cada nível disposto no Quadro Comum Europeu de Referências para as Línguas:

---

[31] Termo preferido pelo CAPLE nos documentos oficiais para se referir aos inscritos no exame.

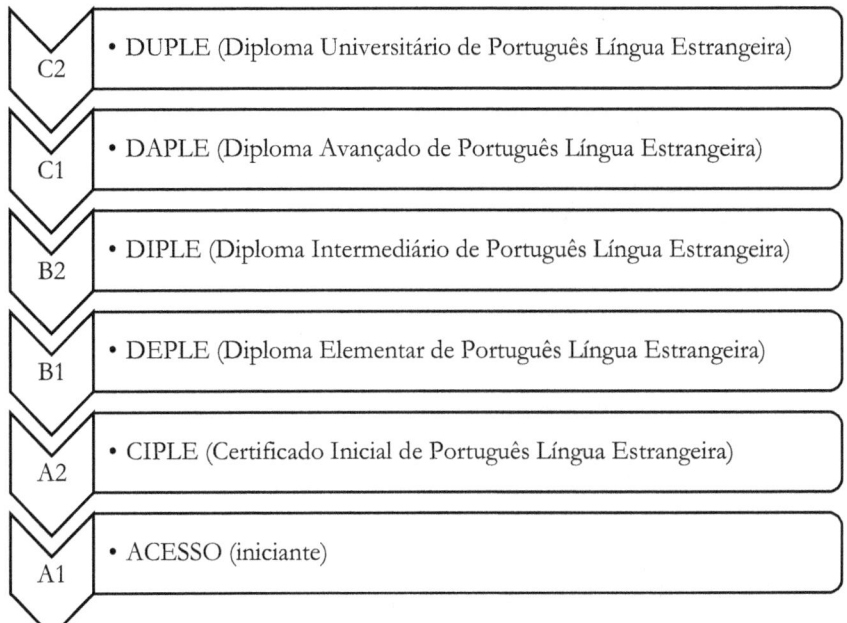

Figura 3: Delimitações de exames e níveis de certificação dos exames do CAPLE

Os exames ACESSO, CIPLE, DEPLE e DIPLE apresentam versões escolares, com tarefas adaptadas e destinadas à faixa entre 12 e 15 anos. Além disso, o exame CIPLE oferece uma versão menor, de cerca de 40 minutos, que se destina à avaliação apenas das habilidades de falar e ouvir dos candidatos.

O CAPLE conta com 94 Locais para Promoção e Aplicação dos Exames (LAPE) pelo globo, doze deles em Portugal. Os LAPE são universidades nas quais há Leitorados/Protocolos de Cooperação Portuguesa, Cátedras Camões ou Coordenações de Ensino de Português no Estrangeiro (CEPE), além de embaixadas ou consulados. Os dados oficiais do CAPLE indicam que, em 2018, 2.599 participantes se inscreveram para fazer seus exames.

Os exames do CAPLE tendem a avaliar a proficiência dos candidatos pela qualidade e quantificação de êxitos em questões mais objetivas com mais foco na forma e uso de insumos feitos para fins de avaliação que, de toda forma, são amostras de contextos sociais aos candidatos (Dell'Isola, 2016), buscando uma avaliação holística de seu desempenho.

6.4 Certificado Internacional da Língua Portuguesa (CILP)

Desde 2014, a Universidade Federal de Caxias do Sul (UCS) oferece o CILP, que conta com o reconhecimento da União Latina e do Conselho de

Ensino, Pesquisa e Extensão da própria universidade, além de ser interesse declarado do Ministério de Cultura e Educação da Argentina. A certificação de níveis do CILP segue os moldes do Quadro Comum Europeu de Referência para Línguas. No total, são seis exames, cujas denominações remetem ao Quadro: A2 (com versão escolar), B1 (com versão escolar), B2 e C1. Os candidatos devem se inscrever no exame para o qual desejam obter a certificação. Cada habilidade linguística é avaliada de forma diferenciada no exame. No total, são três Cadernos de Provas. O tempo de prova pode variar de acordo com o nível:

Habilidades	Tempo de prova
Compreensão leitora e aspectos linguísticos	60 minutos
Compreensão auditiva	40 minutos
Expressão e interação escrita	60 minutos ou 90 minutos (Nível C1)

Quadro 11: Delimitação de tempo do CILP

Para a avaliação da habilidade de fala, há a Prova de Expressão e Interação Oral, com duração de 15 minutos para todos os níveis, com exceção do Nível C1, que tem o tempo estimado de 20 minutos. As diretrizes do Manual do Candidato (2019) esclarecem que o público-alvo é não brasileiros a partir de 11 anos, idade mínima para a realização do exame escolar, que vai até os 17 anos. Além disso, o material apresenta um espaço intitulado "Descritores de Habilidades", com aspectos gramaticais, vocabulário e objetivos linguísticos a serem alcançados no exame para a certificação de cada nível. O exame conta com uma sede no Brasil, quatro na Argentina, uma no Paraguai, uma em Portugal e duas no Uruguai. As provas acontecem uma vez por ano nas sedes, mas em datas diferentes.

6.5 Exames do Conselho Americano de Ensino de Línguas Estrangeiras: OPI, OPIC, LTP, WTP, RTP E AAPPL

O ACTFL oferece seis exames de proficiência nos quais o português é uma das línguas de avaliação. Cinco deles servem para recebimento de créditos no nível superior. Aqueles de modalidade oral são realizados por avaliadores certificados em diferentes canais de comunicação, classificando os candidatos de acordo com as escalas de proficiência da ACTFL. Os demais são realizados via internet. Observe as diferentes modalidades de avaliação e suas respectivas distribuições de tempo:

	Duração	Canal	Modalidade
OPI (*Oral Proficiency Interview*)	Entre 15 e 30 minutos	Telefone	Entrevista estruturada
OPIc (*Oral Proficiency Interview – Computer*)	Entre 20 e 40 minutos	Internet ou telefone	Entrevista estruturada
LPT (*Listening Proficiency Test*)	Entre 50 e 125 minutos	Internet	Marcação de questões de múltipla escola
WPT (*Writing Proficiency Test*)	Entre 20 e 80 minutos	Internet	Realização de tarefas
RTP (*Reading Proficiency Test*)	Entre 50 e 125 minutos	Internet	Marcação de questões de múltipla escola

Quadro 12: Delimitação de tempo, canais e modalidade dos exames do ACTFL

Além disso, para o intervalo entre o 5.º e o 12.º ano da educação estadunidense, a ACTFL também oferece o AAPPL (*Assessment of Performance toward Proficiency in Languages*) para avaliação de proficiência e desempenho estudantil, de acordo com os parâmetros do Normas Mundiais de Aptidão para a Aprendizagem de Línguas[32] e suas cinco áreas-objetivo – comunicação, cultura, conexões, comparações e comunidades. O AAPPL tem duração de até quatro horas e é realizado em escolas credenciadas através computadores conectados à internet para a realização das tarefas.

6.6 National Portuguese Examination (NPE)

Administrado pela *American Association of Teacher of Spanish and Portuguese*[33] (AATSP), o NPE é um exame on-line, hospedado na plataforma *Quia Web*, para avaliação e certificação de estudantes de escolas secundárias estadunidenses. Por seu caráter avaliativo baseado no conhecimento e no desempenho dos participantes, a função do NPE é servir de agente motivador para os jovens aprendizes de português nos Estados Unidos da América, como uma atividade extracurricular ou com fins de competição.

O exame pode ser realizado entre maio e abril todos os anos, mas não tem a funcionalidade ou a intenção de ser um nivelamento. No total, são quatro níveis disponíveis apenas a estudantes dos professores-membros da

---

[32] *World-Readiness Standards for Learning Languages*
[33] *Associação Americana de Professores de Espanhol e Português*

associação. Cada seção do teste tem até 40 minutos de duração. A seção de Conhecimento avalia gramática e vocabulário em quatro níveis (1, 2, 3 ou 4), já a seção de Desempenho avalia a comunicação interpretativa por meio de questões de compreensão auditiva e textual com materiais autênticos.

A inscrição no exame tem um custo de $5 por estudante, que pode receber uma medalha simbólica de ouro (acima de 95%), prata (entre 85% e 94%) ou bronze (entre 75% e 84%), de acordo com seus resultados.

6.7 National Examinations in World Languages (NEWL)

Administrado pelo governo estadunidense, o NEWL é um exame de proficiência on-line para aproveitamento de créditos de nível superior, disponível para falantes de árabe, coreano, russo e português. O exame é dividido em quatro subtestes, que podem ter até quatro horas de duração. No NEWL, é avaliado o desempenho linguístico-funcional dos participantes no modo interpessoal, interpretativo e apresentador com base em textos autênticos e amostras discursivas.

Em seus materiais oficiais, o NEWL se autodenomina como inovador tanto no construto quanto na elaboração por refletir práticas e teorias de sucesso no campo das avaliações de proficiência, como o *World Languages Framework* (2016) desenvolvido pelo ACTFL. O exame se concretiza com questões baseadas em tarefas, dividindo-se nos seguintes subtestes:

Habilidade	Tempo destinado
Compreensão escrita	60 minutos
Compreensão auditiva	45 minutos
Tarefa integrada de escrita	45 minutos
Tarefa integrada de expressão oral	45 minutos

Quadro 13: Delimitação de tempo do NEWL

Com as mesmas denominações de nível de proficiência usadas pelo ACTFL, com notas numéricas de um a cinco, o NEWL apresenta questões de múltipla escola, especialmente na seção de compreensão auditiva. Outra característica peculiar do exame é o uso de gravações para a tarefa de expressão oral, suprimindo a presença de um avaliador no momento da avaliação. Esse modelo é similar aos exames administrados pela ETS (*Educational Testing Service*), como o TOEFL (*Test of English as a Foreign Language*). Instituições de ensino estadunidenses podem se candidatar para serem centros de avaliação do NEWL contanto que apresentem os equipamentos e a estrutura necessária para a realização do exame.

Para o estabelecimento de padrões de desempenho na avaliação dos participantes, um grupo de especialistas na língua portuguesa e também em avaliação é selecionado periodicamente. Dessa forma, a divulgação dos resultados segue um calendário geral em todo o país. De acordo com o nível obtido, sugere-se que o participante seja matriculado na universidade em um nível correspondente à sua proficiência:

Pontos	Semestre de ingresso sugerido
5	5º
4	4º
3	3º
2	2º
1	1º

Quadro 14: Aproveitamento de pontos do NEWL

Cada instituição pode usar a delimitação sugerida da maneira que lhe convier, considerando ainda as subnotas disponibilizadas pela equipe de avaliação.

6.8 Outras avaliações

Muitos exames mundo afora oferecem a língua portuguesa como opção na avaliação de habilidades em língua estrangeira. É o caso do *Baccalauréat Général et Technologique*[34], requerido pelo governo francês para a graduação no ensino secundário e o ingresso em universidades do país. O português é visto no exame como *Langue Vivante Européene*[35] e, a depender da escolha do estudante, pode ter caráter obrigatório ou opcional. A língua também é uma opção no *General Certificate of Education*[36] (GCE), requerido para o ingresso em universidades do Reino Unido e de outros países que seguem o currículo secundário britânico, como Singapura, Malásia, Paquistão, Camarões e Sri Lanka.

Na Austrália, especificamente nos estados de Nova Wales do Sul, Austrália do Sul e Victória, a proficiência em português dos estudantes de nível secundário é avaliada pelo programa CCAFL (*Collaborative Curriculum and Assessment Framework for Languages*[37]) com o oferecimento de cursos e a avaliação posterior por meio do *Portuguese Continuers* no *Higher Secondary School Certificate*[38].

---

[34] Certificado Geral e Tecnológico de Ensino Secundário.
[35] Língua Europeia Viva.
[36] Certificado Geral de Educação.
[37] Currículo Colaborativo e Quadro de Avaliação de Línguas.
[38] Certificado Superior de Educação Secundária.

Referências

Almeida, L. C. B. *O efeito retroativo do Celpe-Bras no Ensino de Língua Portuguesa para Estrangeiros*. In: Anais do SIELP, v. 2, n. 1. Uberlândia: EDUFU, 2012.

American Association of Teachers of Spanish and Portuguese. *National Portuguese Examination*, 2019. Disponível em < https://www.aatsp.org/page/NPE> Acesso em 23 de julho de 2019.

American Council on the Teaching of Foreign Languages. *ACTFL Proficiency Guidelines*, 2012. Disponível em < https://www.actfl.org/assessment-professional-development/assessments-the-actfl-testing-office/actfl-assessments>. Acesso em 14 de julho de 2019.

American Council on the Teaching of Foreign Languages. *Center for Assessment, Research & Development*, 2019. Disponível em < https://www.actfl.org/assessment-professional-development/assessments-the-actfl-testing-office/actfl-assessments>. Acesso em 14 de julho de 2019.

American Councils for International Education. *National Examinations in World Languages*, 2019. Disponível em < https://www.americancouncils.org/newl>. Acesso em 15 de julho de 2019.

Bachman, L. F. *Modern language testing at the turn of the century: assuring that what we test counts*. In: Language Testing, n. 17, v. 1, pp. 1-42, 2000.

Bachman, L. F. *Fundamental considerations in language testing*. Oxford: Oxford University Press, 1990.

Brasil. Ministério da Educação. *Certificado de Proficiência em Língua Portuguesa para Estrangeiros*, 2019. Disponível em < http://portal.inep.gov.br/web/guest/acoes-internacionais/celpe-bras>. Acesso em 12 de fevereiro de 2019.

_____. Instituto Nacional de Estudos e Pesquisas Anísio Teixeira. *Documento-base do exame Celpe-Bras*. Brasília: Instituto Nacional de Estudos e Pesquisas Educacionais Anísio Teixeira, 2020. Disponível em <http://inep.gov.br/informacao-da-publicacao/-/asset_publisher/6JYIsGMAMkW1/document/id/6939071>. Acesso em 12 de julho de 2020.

Brown, J.D. *What is Construct Validity*. In: JALT Testing & Evaluation SIG Newsletter., v. 4, n. 2. Disponível em < http://hosted.jalt.org/test/bro_8.htm >. Acesso em 18 de março de 2019.

Carroll, J. B. *Fundamental considerations in testing for English language proficiency of foreign students*. Testing the English proficiency of foreign students. Washington, DC: Center for Applied Linguistics, 1961.

Chapelle, C.A. 1999. *Validity in language assessment.* In: Annual Review of Applied Linguistics, v. 19, pp. 254-272, 1999.

Costa, E. V. *Efeitos retroativos do exame Celpe-Bras nas práticas de formação dos professores de um instituto brasileiro no exterior.* In: Brazilian English Language Teaching Journal (BELT), v. 9, n. 1, pp. 190-206, 2018.

Cooper, R. L. *An elaborated language testing model.* In: Language Learning, n. 7, pp. 57-72, 1968.

Council for the Curriculum, Examinations and Assessment. *General Certificate of Education,* 2019. Disponível em < http://ccea.org.uk/qualifications/gce>. Acesso em 14 de julho de 2019.

Council of Europe. *Common European Framework of Reference for Languages,* 2001. Disponível em < https://www.coe.int/en/web/common-european-framework-reference-languages/level-descriptions>. Acesso em 12 de julho de 2019.

Dell'Isola, R. L. P. *A avaliação da leitura nos exames de proficiência em Língua Portuguesa do Brasil e de Portugal.* Tese (Pós-doutoramento). Universidade Nova de Lisboa, 2016.

Diniz, L. R. A. *Mercado de Línguas: a instrumentalização do português como língua estrangeira.* Dissertação de Mestrado em Linguística. Universidade Estadual de Campinas, 2008.

França. Ministério da Educação Nacional e da Juventude. *Le baccalauréat technologique,* 2019. Disponível em < https://www.education.gouv.fr/cid147/le-baccalaureat-technologique.html>. Acesso em 17 de julho de 2019.

Lado, Robert. *English language tests for foreign students.* Ann Arbor MI: George Wahr, 1951.

McNamara, T. *21st century shibboleth: Language tests, identity and intergroup conflict.* In: Language Policy, n. 4, v. 4, pp. 351-370, 2005.

Portugal. *Despacho n.º 3305/2015 do Diário da República Portuguesa.* Disponível em <https://dre.pt/web/guest/home/-/dre/66888347/details/7/maximized?serie=II&dreId=66880221>. Acesso em 12 de março de 2019.

Scaramucci, M. V. R. *Avaliação da leitura em inglês como língua estrangeira e validade de construto.* In: Calidoscópio, v. 7, n. 1, pp. 30-48, 2009.

_____. *Proficiência em LE: considerações terminológicas e conceituais.* Trabalhos em Linguística Aplicada. Campinas: IEL/Unicamp, v. 36, p. 11-22, 2000.

Scaramucci, M.V.R. *Efeito retroativo da avaliação no ensino/aprendizagem de línguas: o estado da arte.* In: Trabalhos em Linguística Aplicada, n. 43, n. 2, pp. 203-226, 2004.

Sobrinho. J. C. *O processo de correção do Celpe-Bras.* In: Anais do VII Congresso Brasileiro de Linguística Aplicada, 2004.

South Australian Certificate of Education. *Collaborative Curriculum and Assessment Framework for Languages,* 2019. Disponível em <

https://www.sace.sa.edu.au/web/ccafl>. Acesso em 16 de julho de 2019.

Spolsky, B. *Language assessment in historical and future perspective*. In: E. Shohamy, & N. Hornberger (eds), Language Testing and Assessment, Encyclopedia of Language and Education. Nova Iorque: Springer, 2008.

Spolsky, B. *Measured words: the development of objective language testing*. Oxford: Oxford University Press, 1995.

Spolsky, Bernard. *Oral examinations: an historical note*. In: Language Testing, n. 7, v. 2, pp. 158-173, 1990.

Spolsky, Bernard. Language testing: art or science. In: G. Nickel (ed.), *Proceedings of the Fourth International Congress of Applied Linguistics*. Stuttgart: Hochschulverlag, 1977.

Universidade de Caxias do Sul. *Certificado Internacional de Língua Portuguesa*, 2019. Disponível em < https://www.ucs.br/site/ucs-linguas-estrangeiras/cilp-certificado-internacional/>. Acesso em 23 de julho de 2019.

Universidade de Lisboa. *Centro de Avaliação e Certificação de Português Língua Estrangeira*, 2019. Disponível em <https://caple.letras.ulisboa.pt>. Acesso em 26 de março de 2019.

ÚLTIMAS PALAVRAS

Formação e oportunidades no mercado de trabalho para professores de PLA e PLH

Na apresentação deste manual, delimitou-se seu público-alvo para professores de português nas diásporas ou com intenções de emigrar dos países de língua portuguesa em duas esferas: (1) aqueles que, mesmo impossibilitados de ter uma formação acadêmica especializada na língua, viram-se professores de português em suas comunidades; (2) professores recém-graduados em cursos de Licenciatura em Letras, que não tiveram foco nas áreas de PLA e PLH durante seus estudos de graduação ou que o tiveram, mas de forma desconectada da experiência, e que desejam se tornar professores da área ou já exercem a profissão, mas precisam de uma orientação mais basilar.

Os Estados-membros da CPLP contam com o oferecimento de cursos de PLA e PLH majoritariamente pelos protocolos de cooperação, Centros de Língua Portuguesa e Leitorados do Instituto Camões e pela Rede Brasil Cultural. Escolas de iniciativa privada têm ganhado cada vez mais espaço nesses países. No Brasil e em Portugal há, frequentemente, programas de ensino e extensão sob as esferas dos cursos de Letras, como o PEPPE (Programa de Ensino e Pesquisa de Português para Estrangeiros) na UFRJ (Universidade Federal do Rio de Janeiro) e os Cursos de Português para Estrangeiros da FLUP (Faculdade de Letras da Universidade do Porto). Esse diálogo com a extensão favorece, além da comunidade aprendiz de PLA, a formação dos futuros professores que, por meio da prática e da observação, construirão suas formas de atuar e modificar realidades no futuro.

Apesar de haver poucos cursos de licenciatura destinados a formar professores de PLA, cada vez mais estudantes de Letras com outras habilitações têm se dedicado à prática docente da área, buscando cursos de mestrado e doutorado em que possam desenvolver pesquisas relacionadas a sua práxis. Linhas de pesquisa de programas de pós-graduação em Linguística e Linguística Aplicada abrangem as áreas interseccionalmente, contribuindo para uma nova geração de professores-pesquisadores e futuros formadores. Mundo afora, há cursos de graduação e mestrado que se destinam diretamente ao ensino de PLA:

Curso	Instituição de Ensino Superior	Ano de fundação	Duração média	Nível	Modalidade
Letras – Português do Brasil como Segunda Língua	Universidade de Brasília	1998	7 semestres	Graduação	Presencial
Ensino do Português como Língua Segunda e Estrangeira	Universidade de Nova Lisboa	2002	3 semestres	Mestrado	Presencial
Letras – Português como Língua Estrangeira	Universidade Federal da Bahia	2006	9 semestres	Graduação	Presencial
Português como Língua Estrangeira/Língua Segunda	Universidade de Lisboa	2006	4 semestres	Mestrado	Presencial
Português Língua Segunda/Língua Estrangeira	Universidade do Porto	2007	4 semestres	Mestrado	Presencial
Português como Língua Não Materna	Universidade Aberta de Portugal	2010	4 semestres	Mestrado	On-line
Português Língua Estrangeira/Língua Segunda	Universidade do Aveiro	2015	4 semestres	Mestrado	Presencial
Letras - Português como Segunda Língua e Língua Estrangeira	Universidade Estadual de Campinas	2015	8 semestres	Graduação	Presencial
Português como Língua Estrangeira e Língua Segunda	Universidade de Coimbra	2016	4 semestres	Mestrado	Presencial
Português como Língua não Materna, Português Língua Estrangeira e Segunda Língua	Universidade do Minho	2016	4 semestres	Mestrado	Presencial
Português Língua Estrangeira/Segunda Língua	Universidade Católica Portuguesa	2018	4 semestres	Mestrado	Presencial
Enseñanza de Portugués como Lengua Extranjera para Hispanohablantes	*Universidad de Extremadura*	2018	4 semestres	Mestrado	On-line

Quadro 25: Cursos de graduação e pós-graduação em PLA. Fontes: Agência de Avaliação e Acreditação do Ensino Superior de Portugal e Ministério da Educação do Brasil[39].

---

[39] As páginas dos ministérios dos outros Estados-membros foram consultadas, mas não dispunham de

Cursos de curta duração também desempenham um papel fundamental na formação continuada dos professores de PLA e PLH. Oferecidos por escolas privadas, organizações de professores, iniciativas governamentais ou comunitárias, esses cursos tendem a ter baixo ou nenhum custo, abrindo portas também para a construção de redes profissionais. Para tomar conhecimento dessas iniciativas, é fundamental estar em contato com associações e Redes Profissionais de Aprendizagem (RPA)[40]. Risner (2016) aponta que as RPAs oferecem suporte, conselho e feedbacks entre os professores, dando-lhes a chance de conhecer o trabalho dos colegas, interagir, empoderar líderes e se engajar. Esses espaços colaborativos podem acontecer, segundo Risner (2016), de forma formal ou informal, essa geralmente mais no âmbito virtual, proporcionando benefícios ao professor, como o conhecimento sobre eventos e chamadas de trabalho, novidades resultantes de pesquisas, publicações no mercado editorial, compartilhamento de materiais livres, discussão de tópicos de interesse e até mesmo a identificação de pares para futuros projetos. Além desses benefícios, esses grupos podem trazer ao conhecimento do professor oportunidades de trabalho. No *Facebook*, há vários grupos destinados ao PLA e ao PLH, além da maior comunidade virtual de professores das áreas:

Nome do grupo	Quantidade de membros
Ensinar português como segunda língua	15.200
A Língua Portuguesa no Mundo	6.831
Português para estrangeiros: professores e pesquisadores	4.042
Ensinar Português como Língua de Herança	3.049
Professor de Português com PLH, PLE	2.365
PLE – Português como Língua Estrangeira	3.611
POLH – Português como Língua de Herança	332
PLE – Português Língua Entre-Nós	248
Portuguese with a Purpose	193

Quadro 26: Páginas no *Facebook* destinadas ao PLA e ao PLH em julho de 2020

Em outras plataformas, também há redes similares que proporcionam a discussão por fóruns ou chats. É o caso da Fale Português: Comunidade dos

---

informações sobre cursos destinados à especialidade.
[40] Tradução de *Professional Learning Network* (PLN), termo adotado por Mary Risner no *capítulo Professional Learning Opportunities for Portuguese Language Educators,* do livro *A Handbook for Portuguese Instructors in the U.S* (2016), organizado pela autora e por Margo Milleret. Para informações mais direcionadas ao português na academia estadunidense, recomenda-se fortemente a leitura da obra.

Embaixadores da Língua Portuguesa, sob curadoria da Professora Susanna Florissi. A comunidade tem 5.400 membros e 58 subgrupos. As redes profissionais mais formais, baseadas em organizações de professores e pesquisadores, têm encontros anuais no formato de conferências nas quais, presencialmente, é possível também usufruir dos benefícios das redes. Para conhecer as organizações atuais de acordo com seus locais de atuação, confira o Capítulo 1.

Na busca por vagas de trabalho, além dos grupos anteriormente mencionados, outras páginas podem servir como efetiva ferramenta de busca:

a) **The Linguist List:** mais voltada para o mercado de trabalho acadêmico no campo da Linguística mundialmente, a página tem um recurso de busca vinculado à língua de ensino ou pesquisa pelo professor ou pesquisador. Na aba *"Jobs"* e, em seguida, *"Search Jobs"*, é possível selecionar os parâmetros de busca. As vagas aparecem dispostas de acordo com a data de abertura do processo seletivo. Ao buscar o histórico das vagas, o professor pode fazer um mapeamento das demandas de trabalho em seu campo nos últimos anos.

b) **Plataforma 9:** resultante de um projeto da Associação Internacional de Lusitanistas e da Fundação Calouste Gulbenkian, a Plataforma 9 divulga diariamente não apenas informações sobre oportunidades de emprego ligadas ao ensino e à pesquisa em língua portuguesa em todos os Estados-membros da CPLP, mas também chamadas de trabalho para revistas acadêmicas e congressos, oportunidades de bolsas e financiamentos, publicações, eventos para formações de professores e notícias gerais relevantes para a língua portuguesa.

c) *Modern Language Association* **(MLA)** *Job List*: Fundada em 1887, a Associação busca fortalecer a pesquisa e o ensino de línguas nos Estados Unidos. Atualmente, sua página de busca e oferta de empregos não requer que os professores sejam membros para o acesso. Com vagas destinadas à área acadêmica, é possível usar a página com o recurso de palavras-chave.

d) *American Organization of Teachers of Portuguese Job List*: Desde a sua fundação, a AOTP reúne professores anualmente para o Encontro Mundial sobre o Ensino de Português (EMEP) e tem criado uma rede de contato e colaboração entre pares da área nos quatro cantos do globo. Membros da organização têm acesso à lista de empregos atualizada frequentemente na página de acesso restrito.

Aos licenciados em Letras com domínio em uma língua estrangeira, os cargos temporários de leitorados[41] e programas de professor assistente são outras possibilidades:

a) **Leitorados/Rede do Ensino Português no Estrangeiro do Instituto Camões:** destinados a cidadãos portugueses que estejam dispostos a promover externamente a língua, os programas se concretizam por meio de concursos anuais para recrutamento de professores de português no exterior para a pré-escola, o ensino básico, secundário e o superior, este restrito aos Leitorados.
b) **Leitorados brasileiros por convênios com o Ministério das Relações Exteriores (MRE) do Brasil:** com editais de seleção publicados pela CAPES em frequência majoritariamente anual, a depender do foco do Estado brasileiro nas políticas de promoção da língua, os leitores atuam em instituições de ensino superior internacionais ao Brasil para a difusão dos estudos brasileiros em períodos de até dois anos, renováveis por, no máximo, mais dois.
c) **Programa de Professor Assistente da Fulbright:** anualmente, a Comissão Fulbright Brasil e Portugal, recebe candidaturas de brasileiros e portugueses para o preenchimento de 45 vagas, com duração de nove meses, duração do ano acadêmico estadunidense. Os candidatos, necessariamente bacharéis ou licenciados em português e/ou inglês, têm, além da bolsa de estudos, benefícios como hospedagem e alimentação. O Programa também é oferecido na direção oposta, selecionando estudantes estadunidenses para ensinar inglês no Brasil e em Portugal.
d) **Programa de Assistentes Brasileiros de Língua Portuguesa na França:** aberto apenas para estudantes brasileiros no último ano de graduação ou cursando uma pós-graduação, o programa busca professores com idade entre 20 e 30 anos, que tenham proficiência de, no mínimo, B1 em francês de acordo com o Quadro Europeu Comum de Referência para as Línguas, para ensinarem português em instituições francesas e melhorarem suas habilidades linguísticas. A intenção do programa é reforçar o contato da França com a CPLP, devido ao seu estatuto de Observador Associado, cedido em 2018.
e) **Centros Culturais Brasileiros:** disponíveis em 24 países, os Centros Culturais brasileiros funcionam como extensões das embaixadas do país e se destinam a difundir a cultura brasileira. Os cursos são ministrados, geralmente, por cidadãos locais, que também atuam em iniciativas como a promoção de eventos culturais.

---

[41] Mais informações sobre os programas de Leitorado do Brasil e de Portugal estão no Capítulo 2.

Além dos programas que partem de iniciativas de Estados-membros da CPLP, o engajamento comunitário também gera ofertas de cursos de língua portuguesa com a abertura de escolas de português, com ou sem fins lucrativos[42]. Esses espaços também podem ser uma oportunidade para ensinar a língua, devolver à comunidade os incentivos cedidos pelas práticas de integração, ganhar experiência e refletir sobre as demandas da lusofonia pelo globo. Nos contextos internacionais aos países lusófonos, em que o português passa a ser uma língua minoritária, é preciso entender o lugar de fala do professor de PLA e PLH como um protagonista na afirmação etnolinguística das comunidades lusófonas, papel fundamental para a criação de novas identidades que perpassem as territorialidades fronteiriças.

Referência
Risner, M. *Professional Learning Opportunities for Portuguese Language Educators*. In: M. Milleret & M. Risner, A handbook for Portuguese Instructors in the U.S. Roosevelt: Boavista Press, 2016

---

[42] Uma lista detalhada de escolas de iniciativa comunitária, assim como aquelas públicas bilíngues e outros grupos com fins educativos favoráveis à lusofonia está na subpágina *Português no Exterior*, no site do Ministério das Relações Exteriores do Brasil.

SOBRE A AUTORA

Eugênia Fernandes é doutora em Linguística pela Universidade de Brasília e professora de português na Universidade da Califórnia, Davis. Cofundadora do Instituto Cultural de Ensino de Português para Estrangeiros em Brasília e Coordenadora do Exame Celpe-Bras, atua no engajamento acadêmico-comunitário da língua portuguesa no estado da Califórnia, nos Estados Unidos da América, com eventos de promoção e difusão da língua portuguesa, formações de professores e rodas de português para falantes de herança. Seus interesses de pesquisa envolvem desenvolvimento linguístico baseado em práticas sociais transformadoras e desenho curricular com contribuições comunitárias nas diásporas lusófonas.

www.ingramcontent.com/pod-product-compliance
Lightning Source LLC
Chambersburg PA
CBHW071437160426
43195CB00013B/1941